薪《まき》ストーブ賛歌

心身に優しく 里山を再生

相田武男

あるむ

まえがき

近年、薪ストーブ先進国である欧米製薪ストーブへの注目度が高く、使用者が増えている。農山村や地方都市、別荘地など以外の都市部でも、取り入れられている。電力と石油（灯油）を使わず、言うまでもなく薪ストーブは再生可能エネルギーである薪を燃料にする。

高度成長期以後の石油、ガソリンなどの化石燃料の大量消費の結果、日本の里山は荒れたままになっている。大気中に増えたCO_2などが原因とされる気象変動、局地的豪雨。それらが相乗的に影響して、山林の崩壊などの被害が各地に続発している。

薪ストーブを使用することで里山の伐採された老齢木が薪になる。その結果、わずかでもCO_2の排出を抑制し、CO_2を吸収して育つ森林の世代交代を活発化、促進させることができる。

心ある薪ストーブユーザーたちに、東日本大震災による原発事故が冷や水を浴びせた。ストーブ販売業者、薪生産者の中には、事故直後に携帯用の放射性物質測定器を購入、ユーザーの不安に対応しているケースがある。岩手県葛巻町の薪生産団体である森林組合では毎月、公的機関で薪の放射性物質を測定してもらい、出荷する薪が国が定めた基準以下である証明書を得ている。

薪を自前で調達しているユーザーは、地元自治体に問い合わせて薪になる樹木の放射能レベルが「基準値以下」であることを確認するなど自主的な取り組み、判断が必要だ。

東電の原発事故によって、薪ストーブユーザーにとっては要らぬ事態が生じたが、薪ストーブのやわらかな暖かさと環境、健康の両面から薪ストーブへの愛着は代えがたいものだ。薪ストーブユーザーとしては冷静に、自らの工夫、判断でこの問題に対処していかなければならない。

薪ストーブを使ってはじめて理解できたことは、光熱費の節約に加えて心身の癒しにもなるということだ。筆者は、現役時代の夏休みを親友たちと過ごした群馬県の山里に山舎《こや》を建て、欧米製の薪ストーブを使い始めてから17年になる。山里で暮らす質素な日々には、都会では得られない豊かさがある。人生の秋から冬である定年後の日々は、現役時代の「ご褒美」と考えている。

幸い体に不調、不具合はない。森林の健全化、CO_2 削減に役立ち、心身を暖めてくれる薪ストーブを使いこなしてストーブ料理を楽しみながら、「健康優良爺」として余生を充実させたい。

筆者と異なる見解や経験をお持ちの薪ストーブユーザーもおられるだろうが、本書は欧米製薪ストーブユーザーの体験から書いたものであることをお断りしたうえで、至らぬ点についてはお許し願うほかない。

本書の刊行に先立ち、名古屋にある知己の出版社「あるむ」の川角信夫氏に相談。小出版社ながら、良心的かつ堅実に出版文化に取り組む同氏が、「里山保全、CO_2 減と環境問題に貢献できて、生活スタイルの改善に役立つという時宜にかなったことが分かりやすく書かれているじゃないですか」と、理解してくれて出版にこぎつけた次第だ。

2012年夏　　著者

薪ストーブ賛歌■目次

2 薪ストーブ使いこなし術

1 薪ストーブと共にある冬

薪ストーブ体験

◈―夢の実現

筆者は、薪ストーブを1996年から使い始めた。54歳の夏、たまたま遊びに行っていた群馬県の山里（現在は合併され高崎市）で、縁あって土地を借りることができた。少年時代から雑木林に囲まれた小さな山小屋のような建物にあこがれていた。

そこで、

「定年になったら、ここに住もう」

と、決心した。山小屋のような小さな家、山舎《こや》を建てることにした。

「現役時代なら、体もフトコロもある程度まで無理できる」

と、考えたが、清水の舞台から飛び降りる覚悟だった。

「自分でできることは、時間と体力が許す限りやる。財政的に家族に迷惑をかけない」

「家の維持費を将来にわたってなるべく安く（エコノミカル）、かつエコロジカルなものにする」

を原則にした。

生命保険も、社内定期預金も全て解約。ヘソクリも吐き出した。自分でラフプランを書き、設計した。金融機関からも融資を受け、少年時代からの夢が実現した。

理想とする、山舎が建った。山舎に名前をつけた。玄関のドアを開けると見えるように、墨書した「かんから館」の看板を正面の柱にかけた。
山舎《こや》をつくって、フトコロがすっからかんになった。スキーに行って朝一番に起き出し、大快晴の青空に恵まれると、
「オーイ、今日はカンカラカンだ！」
とマージャンや深酒で寝坊している仲間をたたき起こしたのにかけての命名だ。

❖―ダブルエコの山舎《こや》

現役時代の週末は山舎に来ると、嫌なことは全て蒸発してしまった。山舎のおかげで、わたしの心はカンカラカンになって、堪忍袋の緒を切ることなく、退社願いを叩きつけることもなく、定年までどうにかこうにか勤められた。
ひとえに「かんから館」をつくることを認めたカミさんのおかげだ、と感謝している。
山舎のある場所は、標高500m弱。当然、回りには雑木林がある。三方を低い山に囲まれ、東に開けている。日の出から日の入りまで日当たりは最高だ。集落の一番奥に位置し、いわば一軒家だ。水道はある。車で少し足を伸ばせば、ナシ園や梅林がある。
下水の問題は当初から目論見があった。浄化槽は、各所で実績のある素晴らしい合併浄化槽を、知り合いの“町の研究家”につくってもらった。
ちょっと、自慢させていただく……
合併浄化槽は、嫌気性バクテリアと好気性バクテリアを利用してトイレ洗浄水とフロ、台所の汚水を処理する。最終的に浄化した水は、谷川の水と変わらないぐらいにきれいになる。
おそらく、1桁オーダーのPPMになっているだろう。薬品も何も使わずに、コンプレッサーで送り込む空気だけで、だ。

その浄化済みの水は、自分の山舎の敷地内で処理される。地下には浸透しないで草木の根に吸収されると同時に、自然に蒸発散する、という自慢のできるエコロジカルなものだ。
生ゴミは地面に埋めた強化ガラス繊維の桶の中で地中微生物によって分解させる。
「魔法のフタ付き大バケツ」と、わたしが名づけた無動力の装置、というより器を設置した。
おかげでハエにも臭気にも悩まされない。野菜くず、生ゴミは放り込んで置くだけでゴソッと、量が減ってしまう。入れても、入れても一杯にならない。
地中のバクテリアなどを使いこなす簡単な方式のエコロジカルなものだ。放っておくだけで、ランニングコストはまったくかからない。素晴らしいエコノミカルかつエコロジカルで“ダブルエコ”そのものの「器」だ。

❖—薪がタダ！

土地を借りる契約前から、車で3時間ほどの自宅から土、日曜には必ず現地まで車を走らせた。
その途中の裏道、山舎を建てる場所からそう遠くないところで、伐採されたナシやウメの太い枝が放置されているのを目にした。
「これだ、これだ！」
そこで、車を下りて、作業をしていたお年寄りにたずねた。
「このウメの枝は、譲ってもらえるでしょうか？」
と、男性は
「もらってくれるかね。邪魔でしょうがねぇんだよ。燃しちゃえばいいんだけども、手間がかかってなぁ。ゴミ焼却場に持っていくと、料金を取られるんで、ここに毎年積んどくのさ」
と、答えてくれた。

決まった！

薪が簡単に手に入る。それなら薪ストーブを入れよう、と即座に決心した。これで、初期のエコノミカルでエコロジカルな山舎の実現を考えていたことが、確実になった。

その段階では、薪ストーブについての知識はほとんどなかった。ただ、ナラなどの落葉広葉樹がいい燃料になる、ということは知っていた。

落葉樹ならウメだってそうだ。薪にならないわけがない、と瞬間的に納得した結果だった。

後になって、地元の元気な70歳、80歳の人たちと話をするようになって、

「ウメは、火持ちがいいんだ」

「いい薪になるんだよ」

と、聞かされた。難点は、薪割りに苦労させられることだが、いまのところ、体力もあるのでウメ薪には満足している。なにしろ、元手がかからない。これは、ウメ薪が気に入っている大きな理由でもある。

◈―初ストーブ

地元の大工に頼んだ山舎が1996年夏に完成した。

薪ストーブもアメリカのメーカーのものと機種を指定しておいた。それが秋口に据えつけられた。輻射、対流の混合式だ。薪は、前の年に切ったというウメの木をもらってきて、チェーンソーで切断、積んで乾燥しておいた

10月中旬、初めてストーブを使い始めた。ウメの細い枯れ枝が沢山あった。それが手で簡単に折れるほどよく枯れていたので、焚きつけに使った。火はすぐに枯れ枝を燃し尽くして、薪本体が炎につつまれた。

説明書どおりの手順で慣らし運転を兼ねた初めてのストーブ着火は、まずまずの順調な滑り出しだった。

◈—反省

薪ストーブ導入を決めてから、書店や図書館で数少ない薪ストーブ関連の雑誌類を探して読んだ。得た知識から「ちょっと、まずったな」と、感じた。もう少し、大工に細かく注文をつけるべきだった。

エントツは吹き抜けの屋根を通過する部分はステンレス製の断熱材入り二重エントツだったが、そのほかは一枚の鉄板を筒にしてつくったシングル。エントツの接合部分は、当然ながら差し込んであるだけ。接合器具（タイイングベルト）は使っていない。

一番不安だったのは、エントツ基部とストーブ本体をつなぐ部分で、エントツが少し斜めに切断されていたことだ。さらに地形上、冬は西風の強い場所なのに、エントツに支えがないし、エントツトップがなんとも心もとなく感じた。

ストーブの火が本格的に燃え出すと、ナンとエントツ基部とストーブ本体をつなぐ部分から炎が見える。泊まりに来ていた高校生の長男が

「昨夜は、ストーブのパチパチいう音が心配で寝ていられなかった。火事にならないかな。大丈夫かな？」

と不安そうな表情をした。

「ナーニ、大丈夫さ」

と、わたしはそれほど不安を感じない様子をした。そのまま、シーズンが進んだ。

◈—エントツトップが飛ばされた

翌年の２月下旬、山から吹き下ろしてくる西風で、心配してい

たことが起こった。金曜日の夜11時ころに、山舎《こや》に着いた。懐中電灯を手に見回ったら、エントツトップが転がっていた。
「大丈夫、大丈夫。任して置いてよ」と、自信たっぷりに言った大工の言葉を信じていたが、結果は欺かれた。
幸い、好天続きだからよかった。これが雨でも降っていたら、ストーブの中は水浸しになるところだった。
修理することができないので、やむなく寒さの中、寝袋で夜を明かした。翌朝、申し訳なさそうな顔をした大工に来てもらって、エントツトップは元に戻してもらった。
が、しっかり結束バンドで固定した形跡がない。双眼鏡で観察したら、やっぱり、そうだった。
どんな理由か、その後間もなく、大工は地元から姿を消してしまった。これからの山舎のケアをどうするかが、心配になった。
仕方がないので、地元で工務店を経営していて顔見知りになっていた親子の店に行った。
オヤジさんは県内の若い大工の指導的立場にあり、息子は県内の技能オリンピックに出場し、金メダルを獲得したこともある。2級建築士の肩書きを持つ。
理由を説明したら、オヤジさん（社長）は、「せっかくこの村に来てくれたた人だもの、できることはやらせてもらいますよ」
と心よく応じてくれた。
「最初からここに頼んでおけばよかったなぁ」
と、悔やんだ。
土地を紹介してもらった義理から最初の大工に頼んだのだが、聞いてみたら、地主とこの社長は親しい仲間と分かった。後の祭りとはこうことを言うもんなんだ、と実感させられた。

◈—暖炉ストーブ会員を探す

とりあえず、エントツは囲いをつけることにして、工事は無事終わった。次は、室内と外部のエントツを二重エントツにするために、業者を探した。ストーブ関係の本や雑誌を図書館で探した。そこで目についたのが、東京の下町、墨田区で薪ストーブ店を経営している日本暖炉ストーブ協会の会員の「永和」だった。

わたしの判断理由は、

「薪ストーブは、山里や寒冷地で使われるもの。それを使用地から遠く離れた都内で販売し、メンテナンスをして、長年店を続けているということは、信用できる証し」だった。

墨田区の東武亀戸線の東あづま駅近くにある「永和」を訪ねた。

社長の富井忠則さんが、わたしの体験に耳を傾けてくれた。わたしは腹蔵なく失敗を明かし、なぜ「永和」を訪ねたか話した。

ショールームに展示してあるストーブをじっくり見た。わたしが使っているストーブは横長タイプ。部屋のコーナーに設置したが、スペースにちょっと無理があった。そこで、一度、わが山舎を見て点検してもらうことにした。

◈—仕切り直し

間もなく、富井さんが息子さんと山舎《こや》を訪ねてくれた。こちらは、恐縮したが

「わたしらは長野県内、東北地方までお客さんがおります。群馬県のこの辺りは近場ですよ。気になさらないでくだい」

と、言ってくれた。

ストーブとエントツ回り、ストーブ設置と断熱壁を詳しく見てくれた。

その結果、使っていたストーブでは横幅があり、断熱壁も直接

磁器レンガを下地に貼り付けただけであることが分かった。これでは、空気層がないので防火的に問題があると、指摘された。

やむを得ない。それまでのストーブは下取りしてもらって、断熱空間として横のスペースを確保できる縦型のモルソー1510（輻射式）の購入を決めた。

エントツは、全て二重にしてもらうことにした。まだ現役だったので、どうにか、資金はヤリクリできた。カミさんからは苦情が出たが……

もう、息子たちが泊まりに来ても、火事の心配をさせなくてよくなった。

以来、永和の富井社長とはお付合いを続けさせていただいている。

同時に耳学問で、本では得られない薪ストーブの知識も豊富になった。まさに「動かなければ出会いはない」を再確認させられた。

モルソー1510に交換してほどなく、ナラの丸太が手に入るようになった。わがストーブでは、これまでウメやクワが主力でナラ材は主な燃料ではなかったが、以後はナラが主力になった。薪ストーブライフの充実度は格段に増した。

薪づくり

丸太を入手する

❖—ナラ丸太の山を発見

薪ストーブの楽しみは、薪づくりの段階から始まる。これは、独りよがりな独断ではない。薪ストーブの燃料、丸太を自分で切り、オノを振るって割って乾燥するという過程を経験した人が、口をそろえて言うことだ。

どうやら、薪ストーブユーザーの誰もがそう思っていることは間違いないようだ。

わたしは、薪をウメなどからナラにほぼ全量シフトした。そのナラは、たまたま車で通りかかった道路に面している広い材木置き場で見つけた。

広い材木置き場の中央辺りに3階建てほどの高さの木造の建屋があり、中ではガランガラン、ガラン、ガランと耳をつんざくような音がする。

何の工場だろうと思っていたら、大型トラックが木材のチップを積んでいた。

知り合いに聞いたら、

「あれは、シイタケの原木をとるため切り倒した幹さ。適当な太さの枝はシイタケ用に売れるけども原木にならない太い幹をチップにするらしい」。

広葉樹のチップはトイレットペーパーやティッシュペーパーになるそうだ。

「もし、あの工場でナラの丸太を売ってくれるならば、この先、薪集めには苦労しなくてもよくなる」と、考えた。

◈—ナラの丸太1トンを買う

その後しばらくして、積み重ねられたナラ材を薪用に売ってもらえるのか、とたずねに行った。責任者は
「何トンぐらい欲しいですか？」
と、聞いたのには面くらった。
「申し訳ない。置き場の問題があるんで、まず1トンぐらい」と、わたし。
「えっ！」
相手は驚いた表情を見せた。それはそうだ。材木を運んできたトラックは優に10トン積み以上と見た。工場の広い敷地には直径6、70cmもあるナラの丸太が山積みになっている。そこに1トン売って欲しい、と言ったのだから工場の責任者は戸惑ったことだろう。

図2●玉切りした薪の山とチェーンソー、オノ2丁と細薪つくりのナタ

結局、1トンを売ってくれることになった。運ぶのは木材運搬用2トントラック。運賃は距離が約4kmと近いにも関わらず、高かった。それ以来、1年か1年半に1回ずつ、売ってもらっている。

最近は顔見知りになったおかげで、1トンというわずかな量でも、気安く注文できるようになった。

運んでもらう丸太は直径30cmから50cm。長さは、2m

はある。1トンで10本ぐらいになる。これを敷地にドンと積んでもらう。長い丸太と玉切り丸太には上の部分だけブルーシートをかけて、シートが飛ばないように麻ロープでしばったり、レンガや小型のコンクリートブロックを重石として載せたりして置く。

ナイロンなど合成繊維製のロープは、紫外線で劣化する。屋外では長期間使えないからだ。麻ロープの方が長持ちする。

シートをロープで覆う時は、ホームセンターで買った先の丸まった鉄棒を、積んだ丸太の四隅に打ち込み、ロープを ×、□の形に掛けて置く。

こうして置けば、シートがかぜにあおられたり、雨にさらされたりせずにすむ。適当な時期と天候を見計らって、マイペースで薪にすることができる。

チェーンソーで丸太を切る

◈—まず目立て

玉切りをする時は、まずチェーンソーの目立てをすることが必要だ。チェーンソーにあったハンドル付きで角度が刻んである細い棒ヤスリを使う。軽く、刃の向きに従って、水平に2、3度ヤスリを押し出すようにしてやる。往復させないことが重要だ。

チェーンソーは一つおきに刃の向きが左右逆になっているので、まずチェーンソーのハンドル側から始める。

最初にヤスリを当てた刃は光っているので、順送りにチェーンソーの刃の溝に沿ってヤスリを当てて、左斜めに水平に押しやる。

同じ向きの刃が二つ並んだ場所から目立てを始める。で、チェーンソーの刃が一周したら、反対側に回って、同じことを繰り返す。目立てをしてやると、チェーンソーはいつも切れ味を保つことができる。

決して中腰ではやらないことだ。中腰だと、ヤスリを持つ手がしっかりしないでふらつく。これでは、目立てが上手くできないので、必ず腰を下ろしてやるのがいい。
目立てをしてあるチェーンソーは力を入れないでも、軽く丸太に食い込んで行く。震動も少ない。何よりも使っていて、重みを感じないので疲れないし、気分がいい。

◈—チェーンソーは危険な道具

チェーンソーは、刃のついたチェーンが高速回転する危険な道具だ。細い枝などを切ることは絶対にしてはならない。
理由は分からないが、高速回転するチェーンソーが、なぜか細い枝に当たると、使い手の方に跳ね返って飛んでくる。
注意力が散漫になったり、疲れが出てくるほど長い時間使ったりしている時に、そんなことが起きる。大事故になる。刃が高速で回転しているチェーンソーは、絶対に細い枝に当てないことだ。
私自身、チェーンソーを使い始めた当初、クワの枝を切ろうとして、危なく指を落としそうになった。以来、チェーンソーを使うときは用心に、用心を重ねるようになった。
手足に高速回転している刃が当たったら、骨まで達するケガをする。危険が常にあることを肝に銘じて置くべきだ。下手をしたら、出血多量で死ぬことだってある。
当然、作業中は幼児、子どもを近づけさせないことは、当たり前の心構えだ。

◈—説明書をよく読み、休み休み

以前、ホームセンターでチェーンソーを買った人が、買ったばかりのものを持ってきて
「混合ガソリンとチェーンオイルを間違えて入れてしまった」

と、相談に来ていた場面に出くわした。
チェーンソーの使用にあたっては安全のために、しっかり説明書を読むことが必要だが、何はともあれ、チェーンソーは休み、休み使うことを心がける。
かつて、山林労働者は長時間使っていて手に障害が出ることがあった。
素人は、プロのように長時間使わないが、それでも手が疲れて、痺れる感じが出てくる。
いま、使っているチェーンソーは２代目。最近のチェーンソーはかなり改善されているが、長い時間連続して使えば、自覚がなくても疲労が募る。緊張感の持続も難しい。事故のもとだ。
わたしは丸太を１本切ったら、休憩。玉切りした丸太にオノが食い込んだら、無理をしないで「休憩！」。根をつめて「もう少し、もう少し」と、頑張らない方がいい。
必死にはならない方が、作業は安全に進めることができる。よく言えば遊び心（傍から見たら、怠け心か）がないと、薪づくりが楽しくなくなる。
緊張感を持ったいい加減さ、これが薪割りを楽しくすると、わたしは心得て実践している。

❖—皮手袋は必ず着用

皮手袋着用はチェーンソー使用時と薪割り時のどちらにも欠かせない。おがくずが飛んで目に入るのを防ぐためにポリカーボネイトなどでできた保護メガネの着用も忘れないことだ。
できたら、チェーンソー使用時にかぶるヘルメットも着用した方がいい。シャツをズボンの外に出して作業をしていると、垂れたシャツの裾がチェーンソーに巻き込まれる可能性だってある。用心に越したことはない。

きちんとした服装、身支度で、緊張感を忘れずにチェーンソーを使って欲しい。何事も、事故があってからでは楽しめない。

◈─玉切り

丸太はチェーンソーで、ストーブに入る長さに切断する。わたしは、30cmを目安にしている。

一応、1m以上ある幅5cmほどの細長い板をスケール代わりにしている。30cm刻みに油性インクとノコギリで印を3か所につけてある。

まず切断する丸太にスケール代わりを当て、ノコギリ（チェーンソーではない手ノコ）を軽く引いてノコ目をつけ、目印にする。

丸太を切断することを「玉切り」するということはストーブの薪づくりをするようになって、はじめて聞いた。

玉切りする丸太は、積んだ状態のままで、切りやすいところから切り始めるといい。こうすると、重い丸太を動かさないですむ。一人でやるには、このやり方が一番いい方法だと思う。

玉切りした丸太が5つか6つになったら、薪割りにかかる。

◈─予測して切る

玉切りでも薪割りでも、同じ姿勢を長く続けないようにしている。腰痛予防のためだ。別の作業をすることによって、同じ筋肉を使わなくなるし、気分転換にもなる。

丸太には、根本近くで枝別れしたものが必ずある。

そういう丸太は、割るのが困難なので、最初から割ることなどは考えない方がいい。玉切りの流れの中で、ついでに7、8cmほどの厚さに輪切りにする。

輪切りにしたものは。オノを使う時に割ってやれば、お盆を半分に割ったように簡単に割れる。

丸太が太く、切りにくかったら、適当なところで、いったん輪切りにすることを中断する。そして、チェーンソーを横に構えて輪切りをした部分まで切る。さらに反対側から、同じようにチェーンソーを入れてやれば半分に縦割りできる。適当に3つに縦割りに切るのもいい。

あるいは何か所かから、中心に向かって切り込みを入れる。厚さ30～40cmぐらいにして、予備の薪割り台にするのも手だ。これには、なるべく年輪が混んで密になったものが適している。

薪割り台にする時は、底の部分と上面をチェーンソーで、平らに削ってやらなければならない。これは、チェーンソーの使い方にある程度慣れてからやった方が、いい。

丸太を割る

◈―軍手は滑る

最初オノを使う時、軍手を使ったが、これはよくなかった。

現在の軍手はナイロンなどの繊維でできているので、皮手袋と違って握り締めたオノの柄が滑りやすい。また、薪を掴むと、引っかかる。軍手はやめるべきだ。ただし、手のひらの側をゴム引きにしたものは滑らない。

先にも書いたが、オノを振るう時にも、柄から手が滑らないための用心と薪のささくれた面からトゲが刺さることを予防するために、皮手袋を必ず着用する。

皮手袋は、ホームセンターや職人さん御用達の店で買うといい。わたしは、「ワークマン」で買っている。

事故防止には万全の対策を考えるべきだ。

最後に、車の近くでは薪割りをしない方がいい。割れた薪や木っ端が勢いよく飛ぶので、車を傷つける。

◈―薪割る姿勢

図３●腰を曲げないで上半身を立て、腰をすっと沈めながらオノを玉切りした丸太に打ち下ろす。両腕の脇を引き締めることで丸太への打撃力が強まるようだ。上半身をかがめて腰をしずめずにオノを打ち下ろすと、オノは肩を中心にして弧を描き、丸太の手前側をかすめるようにして足元に飛んでくる。これだと、足の甲や足先をケガしてしまう。絶対に避けなければならない。

玉切りした丸太は、根本に近い方の切り口を上に向けて置き、オノを打ち込む。

ここで、わたしが体得したコツを……。薪割りは、腰が重要だ。

両足は肩幅ぐらいの間隔に左右に開き、利き手と同じ側の足を 20cm ほど前に出す。右足を前に出す人は、オノを持つ右手が前に来る。右打者がバットを握るのと同じ両手の位置だ。左足を前に出す人は、左打者がバットを持つ時の手の構えになる。

オノは振り上げる時には、利き手（右利きなら右手）を斧の頭の方に柄を握ったまま滑らせる。そして、オノを振り下ろす瞬間、柄を握った利き手を反対側のグリップまでスライドさせる。

薪に当たる瞬間には、オノの柄は雑巾を絞るようにグッと力を入れて握る。と、同時に腰を沈める。この時、お辞儀するような姿勢をとらないで、腰から上は垂直にしたままだ。

つまり、ひざを軽く折りながら、沈み込むようにして、狙うポイントに力を込めてオノを打ち込む。

こうすると、小気味よく割れることが多い。体力的にも、この方が楽に薪割りを続けられる。

時代小説や講談などに「袈裟懸けに切る」という表現がある。薪割りを続けているうちに、多分こういう風に、すっと腰を落として、刀身に力を集中したんだろうなあ、などと連想する。

きれいに太い丸太が一撃で割れた時は、剣豪にでもなったような気分になれる。

❖―木本竹裏　オノ２丁

「木本竹裏《きもとたけうら》」という言葉を隣の畑のゼンさんに教えてもらった。

つまり丸太を割る時は、根の側にオノを打ち込むときれいに、力をそれほど使わずに割りやすい、ということだ。なるほど、教えられた通りにやってみたら、楽にきれいに割れる。

竹は割ったことがない。「竹裏」も多分丸太の場合と同じで、「裏」は「本」と同じことなのかもしれない。

玉切りした直径30cmほどの丸太の「木本」を確かめて薪割り台にすえる。「木本」の確認は、難しい時がある。

切り払われた枝の元が向いている方向と逆側が根本だ。切り払われた枝の痕跡がない時は、玉切りした丸太のどちらの切り口が太いかを見極める。わずかでも太い方が根本側になる。

最初のうちは中心をねらってオノをふるっても、なかなか思う場所にピンポイントで打ち込めないものだ。

が、気にしない。２度、３度と打ち下ろしてやると、パカッと割れる。二つに割れた半分をさらに

図４●イベントで見つけた女性でも楽に使える力いらずの薪割り

半分に割る。一撃目からうまく割れれば、３回オノを振って、大きな薪が４本できる。

４分の１になったものを、さらに二つ割か三つ割にする。最終的に幅６、７cm、長さ30cmにする。そうやって割られた薪は乾燥も速い。

玉切りを４つ割にするまでは、オノの左右両側の上部が逆三角形に、肩が張った形の大きなオノがいい。わたしは、マジックアックスという名前のオノを使っている。

さらに４分の１になったものを割る時には、少し小型のオノの方が割りやすい。オノは、「大は小を兼ねず」なので、玉切りした丸太を４つ割りするオノと４つ割りをさらに小割りする少し小さめのオノ、各１丁ずつを準備した方が能率的に薪割りを進められる。

薪ダナに積むときは樹皮を下にして積む。そうすると、乾燥が速い。通常なら、こうして放置するだけで薪は水分を放出する。二夏、薪ダナに積んで置くと、いい薪ができる。「いい薪」は、含まれる水分が80%抜けて薪の内部の含水率が20%以下(17～18%)になったもの、だそうだ。

❖―そっと唇を

薪の乾燥度を測る含水率計は持っていないが、薪の湿度をある程度確かめる方法はある。子どもが小さい時代に、オデコに唇を当てて熱があるかどうか確かめた。その時のように、薪の割った面に唇をあてると、湿り具合、乾燥具合はよく分かる。

最初のうちは分からなかったが、２シーズン目ぐらいから、割った直後の薪、一年前に割った薪と４、５か月前に割った薪の乾燥度を「唇湿度計」で試してみて、乾燥度はよく分かるようになった。

何事も経験だから、割った直後の薪の割り面にちょっと唇を当ててみるといい。湿り具合がよく分かる。そして、乾燥した薪があったら、これも試してみることをお勧めしたい。割ったばかりの薪と乾燥した薪との湿り気の差がよく分かる。

薪から水分が抜けると、樹皮が浮いてくるので、秋が深まると、越冬するためそこに虫が入り込む。虫が入り込んでいる薪は、湿気がなくなっている、と判断できる。

薪の中に虫が潜んでいるかどうかは、薪の乾燥度を知る目安の一つになる。

薪割りは、そう順調には進まない。丸太の中には枝が出ていたところやコブ状になってオノを撥ねつけるものがある。こういう丸太にオノを打ち込んでも一度では割れない。食い込んだままのオノを抜くこともできなくなる。

こんな時は、無理に抜こうとしない。力は必要だが、丸太ごと持ち上げ何回か薪割り台に打ちつけてやる。すると、割れる。

❖—割れない時は

YOU TUBU にアップされた薪割りの動画では、こんな時に離れなくなったオノと丸太を逆さに振り上げ、オノの頭を巻き割り台に打ちつけて見事に割っていた。丸太の落下する加速度と重力、オノが薪割り台に打ちつけられた衝撃が合わさって大きな力が発生したのだろう。

一度試してみたいもんだが、腰痛でも起こしたら困るので、止めておこう。

割りにくい丸太は、強いて割らないで置く。いくつか溜まったら、チェーンソーを使って縦に切ってやる。

ある程度切ったところで、オノを打ち込んでもいい。あるいは縦に半分にしたものをオノで割れば楽に二つになる。あとは、さらに楽に割れる。

枝分れしていて大きな節があって、いかにも木の性が悪そうで手に余りそうな丸太がある。

こういう丸太は先にも書いたが、チェーンソーで厚さ7、8cmに輪切りにしてしまうのがよい。輪切りにしたものは、オノで簡単に割れる。半分にしてから、3つか、4つに割ってしまえばいい。

丸太の直径が50〜60cmになると、なかなか割れない。最初のうちは、苦労させられた。が、薪割り経験を積んで、太い丸太は回りから割ればいい、ということが分かった。

樹皮に近い部分から割り、丸太が六角形〜八角形になるように外回りを割り、それから中心にオノを入れる。

不思議なことに、太い丸太が気持ちよく、簡単に割れた。苦労したことがウソだったような気がしたほどだ。

失敗や苦労から解決策が生まれることがよく分かる。薪割りに教えられる。

❖―細薪づくり

割った薪の中には手元が狂って、幅が狭く、薄く斜めに削いだようになった薪やうまく割れて“柾目”のきれいなものが出る。こういう薪は、オノでさらに三つか四つぐらいに割ってやる。これは着火用の細薪にする。

薪の厚さがないため片手で押さえて立たせたのを割るので、柄の長いオノは危険で使えない。

当然、別に薪割りナタが必要だ。このナタで幅4、5cm、厚さは未使用の割ばしの2、3倍ぐらいの太さに割る。この時は薪割りと言っても、遊びみたいなもんだ。休憩を兼ねる。

玉切りした丸太の軽そうなのを選んで、薪割り台の前に運び、腰かけ代わりにする。中途半端な姿勢を続けて、腰を痛めないためには腰かける姿勢が一番いい。

オノで割るのに比べればラクなもので、薪の頭にナタを接触させたまま、薪を薪割り台にトントンと打ちつける。次々に、簡単に極太の割ばし状の細薪ができる。

◈—無駄にはしない

これを大き目のダンボールにキチンと納めて物置に入れて置く。とくに薪棚に積んで乾燥しなくとも、細く割ってあるから水分の蒸発は早いので、半年もすれば、焚き火の着火用に使えるようになる。

ストーブシーズンになれば、さらに乾燥は進み、いい焚きつけ用の薪になってくれる。

これとは別に、薪割りで出た樹皮や木くずも無駄にしない。大きな樹皮は、薪棚に積んだ薪のスキ間に入れて一緒に積む。

木くずは樹皮の砕片と一緒に細薪と同じように別のダンボールに入れて細薪のダンボールと並べて物置に置く。

木くずはストーブに火を入れる時に、細薪と共に常に大いに役立つ。チェーンソーで出たおがくずは片づけないで、その場に置いたままにする。すると、そこには雑草は生えにくくなることが分かったからだ。

◈—ギックリ腰、けが予防

薪割り作業中、玉切りした丸太を薪割り台に運ぶ時に気をつけないと、腰を痛める。

生木は重い。持ち上げる時に、決して中腰のままで持たないことだ。なまじ体力に自信をもっていると、「作業」が力任せになりがちだ。

ささいなことで、ギックリ腰になる。腰痛予防のためには、しっかり腰を下ろす。それから、両手で玉切りした丸太を抱くようにして立ち上がる。「薪割り台」に下ろすときも、「台」に乗せるときも、しっかり腰を下ろしてからだ。

当然、シャツなど着ているものは汚れる。あまり、しゃれたものを着てやる作業ではないことを自覚して、楽しむのがいい。

ジーンズでできた工作用のエプロンをするのもいいが、夏場には暑くなるので、あまりいいものではない。

結局、着古したジーンズの長袖シャツなどが一番いい。

◈─燃やした薪は 12 種類

これまでに薪にした木の種類を日記で調べたら、12 種類あった。ウメ、クリ、クワ、ニセアカシア、シラカバ、ミズナラ、コナラ、クヌギ、ケヤキ、サクラ、ナシ、カエデ。

アカシア、ミズナラ、コナラ、クヌギが、いい薪だった。ニセアカシアは、腕の太さぐらいだった。割る必要がなく、そのまま乾燥して薪にした。ミズナラ、コナラ、クヌギと共に火持ちのよい薪だった。

ケヤキは、生木を焚き火に入れて燃やしてみた。煙が目にしみて、ひりひりしてひどい目に遭った。涙が出てとまらなかったのには参った。しかし、二夏後にストーブに入れたら、いい薪になっていた。

ウメは、根本から枝分かれしている木が多く、割るのにえらく苦労する。割れてもスパッとではなく、なんともやっかいな薪割り作業を強いられる。

確かに地元の人が言うように、オキ火になってからの火持ちは非常にいい。薪としての熱量も高いようだ。

ナシの枯れたものを割るのは、本当に手ごわい。これが、あの水分たっぷりな果物を育てる木か、と思うほどだ。

クワとカエデは腕ぐらいの太さの薪で、少量を燃やしただけだったので、いい薪かどうかは判断できないでいる。

シラカバは、スギの枯れ葉と共に、その皮がいい焚き付けになる。しかし、木は柔らかい。皮はさることながら、枝や幹にも脂分が多いように思う。薪としては、それほどのものではなかった。

シラカバは、ストーブで燃やすより、細割にして焚きつけに使うか、薪にしても焚き火で使った方がいいように思う。

リンゴの木は、すぐ近くにあったリンゴ畑が栽培を止めたので、もらった。木を３m ぐらいで切ってしまい、大きくしない矮性《わいせい》栽培というやり方で育てられた木は根元からてっぺんまで、直径が10cm 余だった。

チェーンソーを持参して、切り倒した。１m ぐらいに切って運び、玉切りした。割りにくいと聞いたが、幸いあまり太い丸太ではなかったので、うまく割れた。１年半ほど乾燥しておいた。

燻製用のチップになって、スモークの材料になる木だけに、香りを期待してストーブに入れた。しかし、ナラと混ぜて燃やしたので、残念ながらリンゴの香りがするのか、しないのかは確認できなかった。

❖—薪が貯まると、いい気分

薪つくりをするのは、５月か６月。晴天の続きそうな時期を見計らってやるのが一番だ。１トン余の丸太を薪にするのに、延べにしたら２週間以上はかかる。終わると「まだ､体力は十分だな」と自己満足にひたる。

積み上がった薪の木口が夕日に映えるのを見るなんぞは、最高の気分だ。「これで、また来年も再来年の冬も楽しめるな」と、顔がほころぶ。

薪割り　わたしの秘密

わたしの友人の一人に薪割りの面白さを語ったら、
「北海道・函館育ちのわたしとしては、子どものころ、おふくろに散々やらされたので、お金をもらったってやりたくない！」だった。

が、わたしは月に１週間から10日余の山舎での寝泊りのためにする苦労は、むしろ楽しみだ。友人たちに近況を聞かれた時は、
「キャンプよりは贅沢ながら、不自由な貧乏暮らしを楽しませてもらっている」と言っている。
「テントで過ごすキャンプは限られた道具と条件の下で不自由を楽しむものだ」
と、考えているのと同じ感覚だ。薪割りの苦労はそれと相通ずる楽しみになっているのだ。

わたしの薪割り話を聞いたり、薪の山を見たりした友人は「大変だろうなぁ」と言ってくれる。

が、わたしは
「いやいや、気分転換になる。特にオノを薪に打ち下ろす時なんざ、最高のストレス解消‼」と、言って笑う。

友人たちには、こう解説する。
「会社の上役の中には、派閥的思考に凝り固まったり、人事権をカサにふざけたことをしていたりする人間や、それにへつらって、いい思いをしていたのが居たじゃないか。薪割りの時は、オノを振り下ろす瞬間、そういう奴らの顔を丸太の上にパッと、イメージしてやるのさ。そうすると、まぁ薪が気持ちよく割れるよー」。
「多分、丸太の上に顔をイメージされた人物は、『なんか、今日は頭のてっぺんがおかしいなぁ』と、言って撫でているかもしれないね」
と冗談を言う。友人たちは、声を上げて笑う。
「それじゃ、オレも薪割りの手伝いに来るわ。喜んで協力するよっ！」
と、大笑いする。わたしの友人たちはふだんは口にしないが、同じような共通する思いを持っていたのか。そう考えている。

19世紀のアメリカの作家、詩人、博物学者であるヘンリーD. ソローの作品『森の生活』(新潮文庫) に、やはり薪が積み上がってゆく時の充足感が書かれている。

後に述べるが「飛騨の山里暮らし」という写真付のブログにも、薪づくりと薪が積み上がってゆくのを見ると「貯金がたまってゆくのよりも豊かな気分になる」とある。

薪は、1年以上、できれば1年半か2年乾燥するのが理想だと聞いた。実際に次の冬に持ち越した薪を使った時は、確かに火持ちがよかった。

2年乾燥したら、春先に伐採したサクラやウメの木も、いい薪になった。

そんな訳で、薪は2年後のシーズンに向けてつくるので、面倒だと感じる人がいても不思議はない。いまどき、2年後の焚き物のために、汗を流すことなど、便利な生活に慣れた人には理解できないことだろう、と思う。

❖—焚き火に使う未乾燥薪

火を焚く、という点で薪ストーブに共通するのが、焚き火だ。

夏場よりも秋から冬にかけて、ハエ、カなど不快な虫が出てこない時期はデイ・キャンプには最適な時期であり、焚き火には絶好だ。もちろん風のない日だ。

スギ、カラマツなどの針葉樹が時々、届けられる。せっかくのご好意を無にしないために、ストーブ用薪と同じサイズに切り、割っておき、適宜ナラの未乾燥の薪と焚き火に使う。薪ストーブ用には針葉樹は使えないと思っていたら、夏を3回越して乾燥して、樹皮がはがれたスギ、カラマツは共に広葉樹と同じように、燃やしてもストーブに害にはならないそうだ。

ノルウェーでは落葉樹が少ない。日本のスギなどと違って、針葉樹は年輪がしっかりつまっている。これを三夏乾燥すると、樹皮が飛んでいい薪になる、という。針葉樹と言っても、そういう薪を燃しているのだという話を聞いた。

貴重な話なので、参考までにしっかり記憶して置いた。

❖—焚き火の楽しさ

ある程度の広さがあり、隣近所とは離れているわが山舎《こや》では、庭で気兼ねなく焚き火ができる。火を囲んで、ビールを飲むヤツ、マシュマロを小枝に刺して焼き、ほおばる女性や子ども。とにかく焚き火を囲む団欒は、薪ストーブを前にしての会話の弾みと似ている。いや同じものだ、と言っていい。

以前の話だが、友人が焚き火を囲んでいる時、このオキ火で焼いたアツアツのサンマを食べたい、と言った。

いまどきの暮らしでは、一軒家でもキッチンで煙を出してサンマを焼くことなど、まずないだろう。あとに臭いが残るから、若い人たちは敬遠する。

ましてや、マンション暮らしではとてもじゃないが、ひんしゅくをかう。翌日から、ご近所さんに白い目で見られかねない。都会暮らしの現代の生活様式が、もうもうと煙を上げるサンマを夕食の献立からはじき出した、と言ってもいいだろう。

もちろん、電気メーカーがつくるサンマが焼けるロースターもあるらしいが、わたしの友人は、あくまで
「炭火で焼いたジュージュー鳴いている熱々のサンマが食べたいんだ。懐かしい味だよな」

と、いつも言っていた。

❖—焚き火パーティー

煙をもうもうと上げ、プライベートな空間でバーベキューをし

たいと、彼は言う。それもサンマで。

そこで思う存分、サンマの臭いのする煙を撒き散らして、「目黒のサンマ」を楽しむことにした。10月末のことだ。

車で20分ほどのところにあるスーパーで大ぶりのサンマを20匹余とダイコン、カボスを買ってきた。

その春に割って、まだ半乾燥状態の薪と細割りを持ち出し、ストーブ用薪をさらに細かく割って、庭で焚き火の準備をした。枯れ枝を集め、細割りで薪に確実に火が着いたのを見計らって、

「薪をたくさん燃やして、早くオキ火をつくってくれよ」

と、火の番を頼んだ。

ダイコンおろしをたっぷりつくった。葉っぱとダイコンの千切りで塩もみし、タカノツメを入れたもみ漬けを準備した。

若い人たちも来たので、電気釜で5カップの米を炊いた。焚き火は順調に燃えている。炊き上がったアツアツの飯をどうにか塩むすびにし、ノリを焼いておむすび用に半分に折り切り、湿気らないようにパックし終えた。

あとは、サンマを焼くだけだ。

そのうちに、木炭を加えた薪の火が、オキ火になった。レンガを重ねた上にバーベキュー用の網を据えた。その上に、新品の餅網三枚を並べた。

ティシュペーパー数枚を重ねて丸めたヤツにサラダオイルを浸みこませて、餅網に塗った。粗塩をパラパラと振ったサンマをズラリと並べてのせた。煙がもうもうと上がる。

サンマの脂がオキ火に落ちて、ブチッ、ブチッと撥ねる。バァー、と炎が上がる。炎はサンマを燃してしまうのではないかと思うほど強い。

バーベキュー用のトングでサンマをひっくり返すが、軍手をした手がヤケドしそうだ。焼け具合を見ると、サンマの皮は脂まじ

りの炎と煙でいぶされていかにも旨そうになっている。

◈—「目黒のサンマ」を存分に楽しむ

ジュージュー音をたてている。まさに、お殿様がその旨さにビックリした「目黒のサンマ」状態だ。

いや、みんな食べる、食べる。若い女性を交えて7人だったと記憶しているが、サンマはほとんど残らなかった。

60歳に近いわれわれだったが、焼き上がったその場で、あんなに旨いサンマをワイワイ騒ぎながら食べたことはなかった。それも特大のヤツを2匹も……。

バーベキューや焼肉店で、旨い牛肉の焼きたてを食べることは簡単だ。フトコロが豊かであれば、いい肉を腹一杯ということもできる。

が、「目黒のサンマ」はなかなかお目にかからない。定食店に焼きサンマがあるのは学生時代から知っている。馴染んでもいた。

しかし、もうもうと炭火の上で煙を上げる焼きたて、しかも、火がついたようにジュージュー鳴いているサンマを食べさせてくれる、そんな店は聞いたことはない。

戸外で楽しむ食事は楽しいし、食欲も進む。煙もおかずにできる「サンマ焼きパーティー」は、愉快だった。うなぎ屋の蒲焼の煙とは別だが、味覚を大いに刺激する。

「いやぁー、サンマはバーベキューに限る！」と、大好評だった。

薪ストーブのある風景

新穂栄蔵氏著の『ストーブ博物館』に興味深い記述がある。著書の第3章「ストーブ今昔」の中の「現代のストーブ」の項だ。

氏は、「欧米の薪・石炭ストーブは暖房目的のほかに、室内装備品としての確固たる地位を築いていて、その取り扱いに多少、手間暇がかかっても、簡単に石油ストーブに変えるには相当の抵抗がある」と述べ、次のように書いている。

「セントラルヒーティングの住宅やアパートでも壁付暖炉を備え、この中に薪ストーブを嵌（はめ）込んで、室内意匠の伝統を守っている家が多い」。

また、「筆者が欧米のいろんな家庭を泊まり歩いてみると、薪を挽いたり、割ったり、室内に格好良く積み上げたり、でっかい火はさみで燃えている薪をいじったりする家庭労働を結構楽しんでいるように見える」と、記述している。

薪ストーブをめぐる思いは、東西共通するものであるらしい。

◈—住宅街の喫茶店

さいたま市の埼玉県庁の近くの住宅街。寒い季節に歩いていると、どこからともなく乾いた薪が燃えるいい匂いがうっすらとするのに気づいた。2008年の暮だった。

この住宅街のどこかで薪ストーブを使っている。それからは、道路を通る度に鼻を緊張させて匂いの元を探したが、すぐにストーブシーズンが過ぎてしまった。

それから、ストーブシーズンを2回迎えた。この間、薪の燃えるいい匂いがした道路を何回も歩いた。だが、あのいい匂いは、何かの間違いだったかのように鼻腔を刺激しなかった。そのうち、忘れてしまっていた。

長いブランクのあと、2011年の3月初めにあの匂いの元を見つけた。

その日は、曇り空でほぼ無風。正午すぎに通りかかると、いい匂いがする。ゆっくり歩きながら、見回した。すると、道路南に接したビルのさらに南側、道路から少し入った場所にあるコンクリートの２階建ての屋根のエントツからうっすらと、透明に近い白い煙がたなびいていた。
「ここだ、ここだ」。
　北風の吹く日が多いストーブシーズンには、北側にある道路からでは、ビルに隠れてしまい、風下になる匂いの出どころを鼻で探すことができなかったのは、当然といえば当然だった。
　道路を横断して、狭くなった道路端からのぞいた。エントツのある建物は１階が駐車場で２階がコーヒー店だった。階段を上がった。
　階段の途中、踊り場の壁から突き出した腕木に、縦横5、60cmほどの金属製の看板が吊るされている。看板には「Café Le Select」。
　内装も、テーブルもイスも落ち着いた店だ。雰囲気が、なかなかいい。店の奥にビルトインタイプの薪ストーブがあった。
　オーナーの奥さんらしい人がカウンターの中で、お馴染みさんと見える客２人に応対をしていた。初めての店だ。カウンターは遠慮させてもらった。
　お客がいないテーブル席のコーナーに行き、コーヒーを注文した。
　コーヒーを持って来てくれた奥さんに
「今日ようやくエントツから出る煙で、お宅の場所が分かったので、寄らせていただいたんです」と、挨拶した。
　奥さん、ちょっと驚いた様子だった。
　近所に住んでいて、以前から薪ストーブで燃える薪のいい匂いが気になっていたことを明かした。
「そうでしたか」と、奥さん。薪ストーブは建物を新築した時に入れた、と言う。近く、ご主人のいる時にストーブの写真を撮らせてもらうことをお願いした。
　快く了承していただき、その日はストーブの火を眺めながら、コ

図５●陶器のスピーカー（左）と相まって、柔らかな
雰囲気をかもすビルトインタイプのストーブ。

ーヒーを味わっただけで店を出た。

3月11日。

エントツの煙を確認して、店に入った。客はわたし一人。オーナーのご主人がいた。わたしとほぼ同年代と見た。薪ストーブを正面にしたテーブル席に腰を下ろしてコーヒーを注文。

ご主人に挨拶して前回のときと同じ話をした。そして訊ねたら、新築と同時にストーブを設置して、30年ほど経った、という。承諾を得て、店のコーナーに据えつけられているストーブを見せてもらった。ヨツールだった。

知人の建築士に依頼して重量鉄骨で新築した際に、薪ストーブも注文、据えつけたそうだ。

白い漆喰と古民家の梁や柱を取り込んだ丁寧な店の内装だ。薪ストーブの周辺の漆喰はいい感じで、煙で薄く燻されて時の経過を物語っている。

部厚いナラ材を使ったゆったりしたテーブルとイス。床もしっかりした固い木材だ。ストーブわきのテーブル下には、割った薪がインテリアとして積んである。

ストーブの写真を撮らせてもらった。撮ったあと、薪ストーブ談議になった——。

薪ストーブの暖かさの感想は、先日奥さんから聞いていた。ご主人も「暖かさがなんとも言えないですね。長いこと使っていますが、ご近所からクレームなどはないですね。煙がごく薄いので、いいのではないんでしょうか」と、話した。

薪は、園芸業を経営している友人から伐採した樹木を譲ってもらっている。

「自宅が隣なのですが、軒下には丸太が積んであります」。

コーヒーを飲みさし状態で、案内してもらった。

玄関の両わきには直径30cm以上のナラの丸太などが2段に重ねてある。窓の下にもズラリだ。

北側のビルとの境には、塀代わりになって奥行き1間、幅2間ほどの薪小屋が二つ。びっしり薪、丸太が積まれている。肩の張ったオノ2丁、薪割り台、薪割りナタ。

自宅でチェーンソーを使うと、ご近所に騒音で迷惑をかけそうだ、と友人が玉切りしてトラックで運んで来てくれるそうだ。それを乾燥して割る。

あるいは割ってから乾燥する。住宅地、という環境から苦情が出ないように気をつけている。燃焼をより完全にして煙をださないため、薪の乾燥には十二分に時間をかける。

店内に戻って、テーブルに座って話しの続きをしていたら、ガタッ、ガタッ、ガタッ、と来た。大きい。揺れはなかなか鎮まらない。

テーブルのグラスから水がこぼれそうな震動が続く。頭をよぎったのは、

「1964年6月のM7.7、新潟地震以上だ。第2次関東大震災かもしれない」

だった。

長い揺れが一応おさまった。コーヒー代をテーブルの上に置いて、ご主人と前後して店を出た。道路には近所の人たちが飛び出し、立ち尽くしていた。

中学生らしい女の子3人が、道路わきにしゃがみ込んで「恐いよー」と泣き声を上げていた。

2、3日後、コーヒー店を訪ねたら、ご主人は「お客さんに続いて店の外に出たのですが、すぐに戻ってストーブの燃えさしの薪を始末したんですよ」
と、言った。

いつも水を入れて置いてあるバケツに、オキ火状態になった太い薪を押し込み消してやりました、とそのバケツを指差した。

さすが長い間、薪ストーブを使ってきたベテラン。ご主人が見せた火の始末の根性に感心させられた。

ちなみに、3月11日の大きな揺れで、新潟地震が起きた年とマグニチュードを瞬間的に思い出したのは、訳がある。新聞社の入社試験を受ける前に試験準備的なことをしていた最中に起きたのと、試験に「M7.7」を説明する問題が出たからだ。もちろん、正解を書いた……。

◈—薪ストーブの氷壁の宿

標高約1500m。

北アルプス・穂高連峰を見上げる上高地は、真夏でも気温20数℃だ。一般観光客は、バス、タクシーでしか上高地に入れない。たまに自転車や歩きで釜トンネルを抜ける若者を見るが、例外的だ。

河童橋手前のバスターミナルから上流域は、足だけが頼りだ。河童橋を経て明神、徳沢までは、歩く以外に入る手立てはない。

河童橋から梓川沿いに6km余上流にある徳沢。

井上靖の『氷壁』で、「徳沢小屋」として小説の最終場面近くに

図6●ラウンジの暖炉風ストーブの火が心も暖めてくれる。

登場して有名になった山宿、徳澤園がある。ラウンジと食堂に大型の薪ストーブが、真夏でも朝夕に暖かい雰囲気を宿泊客に提供している。

山宿とは思えないシックな雰囲気は、従業員と経営者たちの心づくしの食事、深い森林の静けさと相まって、下界で蓄積されたストレスを癒してくれる。

ラウンジのストーブはビルトインタイプ。食堂の入り口わきにあるのは、直径1mほどで八角形のガラス張り。夕食時間が近づくと、従業員が食堂のストーブに薪をくべる。

2階への階段を上り下りする時に炎が上がるのを目にすると、わたしはそれだけで空気が暖かくなったように感じる。

2011年、梅雨の合間、天気予報を信じて前日に予約を入れた。

正午すぎにバスターミナルに着き、今にも降り出しそうな厚い雨雲の動きと競争するように徳澤園に着いた。到着する直前にポツポツと来たので雨具をつけ終わったとたん、どっと降って来た。

上からは雨、雨具の下は汗。いっそのこと雨具なしで雨をシャワー代わりにすればよかった、と思うほどずぶぬれだ。

チェックインをして、風呂で汗を流し、持ってきた衣類に着替える。ラウンジの松本家具のイスに深く座る。ストーブに火が入るのを待ちかねる。
ストーブの前のイスでコーヒーを飲むのが好きなのだ。火が入っていない時は、コーヒーは注文を我慢してイスに座って、備えてある本に目を通しながら、待つ。
山を歩くと、精神が洗われる。危険を伴うルートや岩山のルートではないので、黙々と歩きながら、頭の中は活発に活動している。汗と一緒にストレスは蒸発してしまうが、肉体には疲労が蓄積される。
お気に入りの山宿で入浴したあと、汗の衣類を着替えて炎をゆらめかせる薪ストーブを前に、温かいコーヒーをゆっくり胃に流し込む。
疲労感が皮膚からスーッと気化してしまうような気がする。
わたしにとって、ここで味わう薪ストーブの温みとコーヒーは、どんな高価な疲労回復薬よりも効果がある。薪ストーブの暖かさと炎、一杯の温かいコーヒーが、相乗作用して疲労を回復してくれる薬になっている。
顔見知りの若旦那に薪ストーブについて聞いたが、メーカーは分からないそうだ。どうやらヨツールらしい。ラウンジのストーブは、20年近く前に建て替えた時の建築業者が贈ってくれた。ヨーロッパ製のものだそうだ。食堂のものも、そのころに設置した。
上高地の天気は予測するのが難しいと言われている。晴れていると思うと、急に雲行きが怪しくなる。徳沢は山に囲まれ、梓川がすぐ近くを流れている。湧き水も多い。
そのためだろうが、薪を乾燥するには、条件はよくない。若旦那は、
「1年以上乾燥しても、その割にはいい薪にならないんですよ。なので、松本で乾燥した薪を運んで、燃しているんです」。
国有林の豊かな森林の中にある徳沢で、薪が乾燥しにくいとは、

なんと難儀なことだ。それにしても、宿の雰囲気づくりの一環かもしれないが、松本で乾燥した薪を運び、ストーブで燃やす……。

薪ストーブ好きには、その心がありがたい。薪ストーブの暖かさが、一段と増すというものだ。

❖—浅間山をのぞむピザの店

長野、群馬両県にまたがる標高 2568m の浅間山。その麓に広がる群馬県嬬恋村は標高約 1000m にある。

冬は最低気温が零下 10℃を下回ることもある。1、2月の平均は零下 4 〜 5 ℃が通常だ。

この村にあるイタリアンレストラン「浅間高原ブルワリー」には軽井沢ストーブが、店の中心に存在感を示して座っている。

幅約 90cm、奥行き約 50cm、高さ約 80cm。工芸品と言っていいクラシカルなスタイルのストーブは、鐵音《くろがね》工房でつくられた。

ブルワリーのストーブには、ストーブとセットと思われるストーブガード。それは、「鉄を扱うのが趣味なんですよ」と言うオーナーが自作したもので、とても素人が作ったものとは思えない出来映えだ。

磨き上げた太い丸太のがっしりとした、文字通り骨太な木組み

図7●店の中央に位置する軽井沢ストーブの存在感が頼もしく感じられる。

と軽井沢ストーブとストーブを囲むストーブガードが、見事にバランスを見せる店内だ。

店はテレマークスキーを指導してもらっている嬬恋村に住む指導員から紹介された。スキー帰りに立ち寄って以来、すっかり気に入った薪ストーブのある店だ。

「有限会社浅間高原麦酒」の代表でオーナー、自ら石窯でピザを焼く黒岩修さんの話だと、ストーブが設置してある場所は、以前ピザの窯があった場所。

ストーブは暖房の火室わきにピザを焼くオーブンを備えているが、高温すぎてピザが焼けないことが分かったので、今はもっぱら暖房にだけ使っている。

寒さが厳しくなると、薪ストーブの他に床暖房を使う。何と言っても軽井沢ストーブの存在感は大きく、強い。他の暖房器具の影を薄くしている。

オキ火が赤々と火室で光る薪ストーブを背にする位置のテーブルに座る。南に面する大きな窓。広大な丘陵がゆるやかに波打つ畑地が広がる。北海道・十勝を連想させる広いキャベツ畑。広がったその畑地と雑木林を前景にして真正面に浅間山だ。

晴れた日のスキー帰り、この店に立ち寄った際に、大きな窓から夕暮れ時の浅間山の豪華なショーを見た。

茜色に染まる夕焼けの雲。太陽が山の陰に沈んだあとも残照がいい。

暮れなずむ冬の澄んだ空を巨大スクリーンにして浅間がシルエットになる。外は､陽が沈むとともに一段と寒気がつのる。が､店内は暖かい。背中がぽかぽかする。

客はわたし一人。見事な浅間の夕暮れのショータイムを贅沢にも貸し切り状態で眺めながら、軽井沢ストーブを従え、ピザとコーヒーだ。わたしにとっては、この上なく贅沢な時間だった。

図８●軽井沢ストーブをつくる鐵音工房

軽井沢ストーブは、鐵音工房が制作する。厚さ６mmから約1.6mmの軟鋼をまるで粘土細工のように曲げ、ふくらませ、カーブさせてつくられる。内部に耐火レンガを備えた輻射式だ。

同工房は2009年（平成21）に、長野県軽井沢町追分の山林に囲まれた場所から、工房のメインを隣町になる小諸市平原の国道18号沿いに移転した。

軽井沢町の国道18号追分交差点わきに、鉄製の作品を展示していたギャラリーを兼ねた喫茶店「鐵音茶房」があるが、現在は「工房」との関係はなくなった。店名が残るだけになったが、店内には以前と同じく軽井沢ストーブがある。

◈─旧・草津街道の農機具店

高崎市から旧・榛名町、旧・倉渕村、吾妻町、さらに長野原町を通って古くからの温泉地、草津に向かう旧・草津街道（国道406号）がある。

利根川の支流、烏川沿いの国道406号が山あいの狭い平地を通る旧・倉渕村。数十年前の「草津街道」の村の面影をしのばせていて、なんとなく懐かしい思いがする。

２台目のチェーンソーを購入して以来、草刈り機と共にメンテナンスを依頼している高崎市の倉渕支所近くにある農機具店では、モルソーの1210（輻射式）を使っている。胴長で長い薪を縦に入れるタイプだ。長い薪がシガー（葉巻タバコ）のように燃えて行くのでシガータイプと呼ばれるようになった、というストーブだ。

新品のほかに、手を入れて見事に整備された中古の農機具が並んだ店内。

「街道」に面した南側のガラス戸からの陽射しが加わり、ストーブの暖かさは、さらに増す。真冬でも店内は４、５月のような暖かさに満ちている。

ストーブの周りには見事に咲いた色とりどりの花の鉢。温室みたいだ。幼いお孫さんの安全のために、手づくりで木製のストーブガードがめぐらせてある。修理コーナーで主人がひと休みしながら、話をした。

「こういう商売をやっていると、薪ストーブを入れてからは、ありがたいことで、お客さんが薪の心配をしてくれるんですよ。『シイタケの原木をつくるのに、うちの山のナラを切ったんだけどさ、

図９●ストーブが使われると、店内は温室のようだ。
観葉植物などが元気に華やかだ。

残ったナラがあるから、使ったらいいよ』と言ってくれるんで、薪には困らないんですよ」

と説明してくれた。

シイタケ菌を植える原木は、直径20cmぐらいまで。そのために切り倒すナラは幹が３、40cm以上は確実にある。

そんな太いナラは山に放置して置くことになるケースが多い。薪を燃料にして風呂を沸かしている農家はあるにはあるらしい。

だが、高齢化が進んだ夫婦だけの家は、丸太を切って薪にする作業は時間的にも余裕がない。子ども夫婦、孫たちと同居しているケースでも、薪風呂はお湯を沸かす手間、時間がかかる。

洗顔やシャワー、上がり湯の温湯が確保されないので、若い人たちに敬遠される。結局、風呂の燃料は灯油が主流だ。薪風呂の出番は、ますますなくなる。

かつての薪の大切さを知る山里のお年寄りたちである。切り倒されて放置されたままの立派なナラの幹を見せられれば、

「もったいない」

と、感じる。

訪れた農機具店で、店の中を暖かにしている薪ストーブがあるのを見たら、

「うちの山に薪になるいいナラが切り倒されているよ」

という言葉が、口をついて出るのは、ごく自然なことなのだろう。

山里の農機具店の薪ストーブから、「モノを大切にする」という現代人が失いかけている心がうかがえる。

◈─２代目大工さんの薪ストーブ

山舎《こや》の敷地を借りるについて紹介してくれたので、山舎の建築を請け負わせた地元の大工が、どんな原因や理由があったのか、姿

を見せなくなった話を以前に書いたが、その時、山舎の細かい部分の手直しで力になってもらった大工さんに山里暮らしに必要な物置を建ててもらおうとした。

旧・倉渕村（群馬県高崎市倉渕町）の工務店を訪ねて、事の次第を話して、2.5坪ほどの物置小屋をつくってもらいたい、と頼んだ。

県内の若い大工さんを技術指導する立場にもいるオヤジさんが、前回同様に快く引き受けてくれた。その言葉に安心した。

工務店のオヤジさんには、あとを継いでいる長男がいる。前にも書いたように２級建築士で若手のリーダー的存在だ。技能五輪の県内大会で金メダルを獲ったこともある。

その２代目が打ち合わせのために、山舎に来た。すぐ、薪ストーブに注目した。「暖かいですねぇ。こりゃ、いいわ」。日曜日だったので彼ものんびりしていた。

打ち合わせのあとは、雑談になった。ストーブで温めていたコーヒーを出した。飲みながら薪ストーブについてさまざまな質問をわたしにぶつけてきた。

建築士であるだけに、「耐火」「防火」の点をしっかり押さえていた。質問も厳しかった。

「わたしも、近く自分の家を親の家に隣接して建てる計画を持っているんです。その時は薪ストーブをいれますよ」と、かなり強い調子で話した。

しばらくして工務店の前を通ると、２階建ての家が建てられている最中だった。立ち寄って、２代目と話をした。

「おめでとう！　大工さんが自分の家を建てるのを見るのは初めてだよ。これからも継続的に見学させてもらっていい？」

と言うと

「どうぞ、どうぞ。薪ストーブ、入れますからね！」

と、うれしそうだった。

完成して住まい始めたというので、大工さんが自分で建てた自宅を見せてもらいに行った。初めて奥さんに会った。彼はわたしを

「オレの薪ストーブの師匠」

と、紹介したのには少々テレた。

ストーブはヨツールの中型（輻射式）だった。玄関、居間、ダイニングキッチンが続くコの字形の左側の広いスペースに設置されていた。上は吹き抜けでストーブの暖気が２階の子ども部屋、夫婦の部屋を暖めるようになっている。

エントツはシングルだ。

「予算の関係で」

と、２代目。屋根の上は、レンガ調のタイルを貼り付けた囲いエントツ。

「よく乾燥した薪を使っているせいだろうと思いますが、詰まりはないですよ」

と話した。

図10●広いスペースをヨツールがしっかり暖め、洗濯物を乾かして奥さんを助ける。

“師匠”と言われた以上、シングルエントツは、断熱材を詰めたダブルエントツにした方がいいよ、と進言した。間もなく、エントツはダブルに換えられた。

「本当に暖かいですよ。薪ストーブを入れてよかったですよ」

とダンナが話す。側で奥さんが

「家の中に干した洗濯物がすぐ乾くのには驚きました」

と笑った。育ち盛りの子どもを持つ母親としては、これはうれしい。

あちらこちらから「山の木を切る」「切り倒してあった」という情報が入る。

聞きつけると、知り合いを通じるなどして話をまとめ、自分のトラックで運ぶ。薪を集めるのにはそう苦労はないようだ。

車で通りかかった時に道路から見える薪ダナにはいつもびっしりと薪が積まれている。山里の薪調達の有利さがよく分かる。

新築住宅の注文を受け、施主と打ち合わせる時、2代目はきっと薪ストーブの効用と経験を紹介しているだろう。

❖—カラマツストーブで定年暮らし

信州には、カラマツ林が多い。しかし、放置され荒れている。これらのカラマツ林を荒廃から守り、森を復活させようと針葉樹のカラマツを薪にするために考え出されたのがカラマツストーブだ。

旧・臼田町（現在は長野県佐久市）に住む湯浅道夫さんの家のカラマツストーブは縦横30cm、奥行き80cm。

天板の使い勝手がうまくいくように、ポール状の支えが付けられている。ナベやもち焼き網などを天板から少しずらして置く事ができる。もち焼きなどの時にはこの支えを使うことで、天板の熱が直に当たらなくなり、炎火の遠火で焼いたようになる。

長年、地元の病院に福祉関係職員として勤務した。2010年4月に定年退職した秋にカラマツストーブを購入した。使い始めたら、それまで使っていた石油ストーブと違い、体を包み込むようなやさしい暖かさを実感した。

同時に、サイフにもやさしいことが分かった。

冬の間の収支勘定だ。石油代が年間15万円程かかっていたが、冬は5割と大幅に減った。

電気代は4割減、ガス代は2割減になり驚いた。

ストーブは、本体が約30万円、付帯工事関係では約50万円。計約80万円かかった。煙突掃除はシーズン中、一度も必要なかった。初期費用は定年後としては大きな出費だったが、

「出費以上の価値がありました」

と、満足気に話してくれた。

冬の光熱費が大幅にダウンしたのは、湯浅さんのアイディア、工夫がある。ストーブの広い天板に大きなヤカンと鉄びんを常に乗せて置く。

電気コタツのコードはコンセントから抜き、ストーブの上でカンカンに沸くお湯を湯たんぽ4個に満たして、電気の通じていな

図11 ●ストーブ上の4つのヤカン、テツビンが光熱費をグンと引き下げてくれた。

いコタツの中に置く。

それで、十分に暖かい。電気を使っている時と変わらないし、暖かさが電気と違ってやさしい。

夜、寝る時間になると、その湯たんぽを一つずつそれぞれの布団の中に移動する。ストーブの暖かさと「湯たんぽコタツ」で、寒い信州の朝、晩が十分しのげた。

カラマツストーブの暖かさを経験した湯浅さんに購入を後押ししたのはカラマツ林の再生、という環境問題に対する心でもあった。

◈―エネルギー自給の町の薪と社長さん

後にも述べるが、岩手県の内陸部、北上山地の北部に位置している葛巻《くずまき》町は、クリーンエネルギーの町である。風力、太陽光発電、木質バイオ、畜産バイオ発電など自然エネルギーによる電力自給率は2010年度、160％の町だ。

北緯40度、東北の山間地域に位置するこの町の冬は長く、厳しい。9月の末から5月中旬ごろまで暖房が欠かせない。寒さに立ち向かうために、古くから、この地方では鉄板製のストーブを使う家庭が多かったそうだ。

そのストーブは、県内にある鉄工所がつくるものが多く使われた。

葛巻町は「ミルクとワインとクリーンエネルギーの町」、“ミワクの町”を全国に発信している。当然、町民もこれに誇りを持ち、

〈クリーンエネルギー＝自然エネルギー＝
豊富な森林資源（薪）＋風力発電＋バイオ発電〉

を日常的感覚としているようだ。

森林が町の面積の85％を超える町に住む住民だ。その気になれば、手っ取り早く利用できるのは薪だ。かつては生活に密着した燃料である。灯油に代わる薪ストーブの燃料として手軽に手に入る。

欧米製の薪ストーブの購入、設置には初期費用はかかる。しか

し、薪は灯油より安価に買える。長い目で見れば、経済的だ。

使用を始めて、薪を効率的に燃やすことができるようになると、燃料費（ランニングコスト）を抑えられることが理解されて、欧米製の薪ストーブを購入する家庭が増えつつある。

町の中心部で、自動車整備工場を経営する60代前半の遠藤俊男さん。

3年前に自宅を増築する際に、デンマーク製の輻射式の大型薪ストーブを葛巻町森林組合の斡旋で購入、設置してもらった。

葛巻町は、9月の最低気温が2℃、10月−0.6℃。11月になると、−6.3℃。12月、−11℃。1、2月は、−16℃前後だ。7月になってようやく、最低気温が10度を上回る（2008年。盛岡地方気象台調べ）という厳しい気象だ。

「思い切って、このストーブにしてよかったわ。3月11日の大地震で停電した時は、家族みんなで、ストーブの前に集まって何日も過ごしました。おかげで、寒い思いをしなくて済んだ。ストーブの上に毎日、鍋をのせて鍋物で、暖かいものを食べることができましたよ。助かったわー」

と、遠藤さんはいつでも使えるように手入れを済ませたストーブの前で語った。2011年の9月26日のことだ。

9月末には霜が下りる、という葛巻町の寒さへの備えを9月中旬には終えたそうだ。

増築、デンマーク製薪ストーブ導入は、息子さん夫婦が家業を継ぐために盛岡から帰ったのを機に決めた。

それまでは、灯油ストーブを使っていたが、寝るときには消した。

「薪ストーブになってから、寝る前にたっぷりと薪を入れて置くのさ。そうすると、夜中にトイレに行くにも、綿入れを羽織ったりしなくてもよくなったね。寒さ知らず。朝起きて、『うー、寒い、寒い』なんて、背中を丸めて顔を洗いに行くなんてことがなくな

図12 ●「3·11」の大震災で暖房と3度の暖かい食事を支えたストーブ（モルソー 1620）

ったね」

と、笑った。

遠藤さんの薪置き場はすごかった。経営する自動車修理工場わきの空き地に見事に積み上げげた薪。その上に、トタンを敷き、使わなくなったホイールに組まれた廃タイヤが重石代わりに乗せてある。

「ホラ、奥に積んである薪は切り口が古いでしょ。あれは去年の残り。２年目は、薪の燃やし方が分かったので、最初の年の３分の２ぐらいで済んじゃった。今年の冬には、去年よりいい薪になっているだろうね。なにしろ２年熟成もんだから」

見事に積んだ薪づくりで、いい運動ができた、と遠藤さんは愉

図13 ●たっぷりの薪。燃料も十分だが、薪ストーブの使い方に慣れ、薪の使用量はより少なくなった。

快そうに話してくれた。
薪は、長さ90cmのものを高さ、幅各1.8mに積んだものをこの地方では、「1間」と言っている。冬に備え、遠藤さんは葛巻町森林組合から「3間」買った。
長さ90cmを30cmにチェーンソーで切り、幅7、8cmに割って、きれいに積み上げた。
昨年冬の残りを含めて、2011年の冬は「4間半」の薪で、余裕を持って冬を迎えられた。
「使う薪は多分、去年の残りの1間半弱で済みそうです。3間は残りそうだから、来年回しになるんじゃないですかね！」
薪ストーブの3シーズン目を迎えた遠藤さんは、その魅力と性能に改めて感じいっている様子だ。
「オキ火で暖かい薪ストーブの前で、冷えたビール。これが、いいのさ！」
と、遠藤さん。
この年の冬の薪「3間」は、運び代を含めて1間25,000円だった。
薪ストーブ以前、灯油代は、月に12,000～13,000円だった。居間の薪ストーブ以外、石油ストーブを息子夫婦が使っているが、「燃料代はかなり、減ることになりそうだね」。
薪ストーブの魅力にとりつかれ、夏の終わりから、薪ストーブに火を入れるのを楽しみにしていた。電話をしたら、9月末に使い出して順調な“運転”をしている、という話だった。

―ブログ・飛騨の山里便り

わたしの親友の友人が、都会のサラリーマンを卒業したあと、高山市で一人コツコツと家具づくりをしている。離農した山間の古い農家を借り、柴犬のユキと共に名古屋にある自宅から単身赴任だ。
2011年で11年になる日常の山里の“半農半工”の暮らしを毎

日、写真つきのブログにしている。

私自身、現役時代に山形県酒田市に約３年間単身赴任した経験があるので、「飛騨の里山便り」をほぼ毎日、楽しみにのぞかせてもらっている。

ブログには、薪ストーブ、薪作りなどの話が登場する。厳しい飛騨の寒さは時には愛犬もこたえるらしい。雪が降り、ことさら寒さがつのる日、「家の中に入れてちょうだい」と、玄関の戸をカリカリするので入れてやると、薪ストーブの前でコックリ、コックリしていた、というほほえましい話もあった。

使用している薪ストーブは、デンマーク製のスキャン 1020 の輻射式と見た。

薪ストーブを入れたのは、単身赴任して３年目の冬。それまでは石油ストーブだったが、その暖かさに驚いたそうだ。

薪づくりで増えていく薪を見るうれしさを貯金が増えるよりもうれしい、と書く。厳しい寒さでエントツが起こしたトラブル、寒さが続くのに少なくなっていく薪ダナを見る心細さが、つづられている。

読むわたし自身、同じような思いを体験しているだけに、「そうだ、そうだ」と心の中で、いつも相づちをうっている。

読者の方々にも、機会があったら一度ならず、度々のぞいてもらいたいブログだ。

薪と福島原発事故

「まえがき」に書いたが、福島原発事故で飛散したセシウムなどの放射性物質が薪ストーブユーザーに与えたショックは大きい。

福島県と周辺の県の住民ばかりか、関東地方にまで放射性物質が飛散した。さらに、局地的に放射能の測定値が異常に高いホットスポットがある。

原発の安全神話を国民に強調、不安を持つ人々を「非科学的」と、いわば悪罵してきた原発推進派と、それに追随してきたマスコミの多くの科学部記者たちに、やりきれない思いを超え、腹立たしさ、憤怒を抑えきれないでいる。

インターネットのグーグルで「薪　放射性物質」で検索すると、林野庁資料「調理加熱用の薪及び木炭の当面の指標値の設置について」(平成23年11月2日、各都道府県宛通知)。
環境省リサイクル対策部から関係県廃棄物行政主管部（局）宛の「薪ストーブ等を使用した際に発生する灰の取り扱いについて」(平成24年1月19日)。

さらに同省の報道発表資料「東北地方及び関東地方における一般家庭で使用される薪及び薪の灰等の調査結果について」(平成24年2月24日)

を見ることができる。

このほか、《専門家が答える暮らしの放射線Q＆A》も役に立つ。ぜひ、目を通してもらいたい。

とくに、参考になるのは環境省の報道資料だ。この中で薪は「できる限り流通している（林野庁指標値である40ベクレル/kg以下のもの）または安全が確認されている薪を使用する。やむを得ずそれ以外の薪を利用する場合には、放射性セシウムが付着している表面部分を取り除いて使用することが望ましい」と、している。「表面部分……」とは常識で考えれば、樹皮をはがしてということだと考えられる。

さらに、灰について「安全性が確認された場合を除き畑などにまかずに、市町村が収集し保管処分を行う」と指示をしている。これは、灰が飛散しないようにしっかりしたビニール袋などに入れて、ゴミとして出してよいということだ。

ただし、心ある薪ストーブユーザーとしては、「薪ストーブ灰」と明記して、一般ゴミの袋に入れずに灰だけを別個に出すべきだと考える。

2 薪ストーブ使いこなし術

火を制御する

◈―使用前にエントツ掃除

薪ストーブのシーズンが近づくと、
「さぁ、今年も家の中で火と仲良く出来る季節が来るな」
と、心待ちする。エントツ掃除をして、トビラの気密性を点検する。全て一人でやる。

ストーブの前と両わきにブルーシートを適当な大きさにたたんで敷く。

そこに脚立を立てる。まず足元に気をつけて脚立に上る。下から三番目のエントツの結束バンドを緩めてはずす。次に調整用の差込み部分に力をこめて両手でエントツをいったん、2cmほど上に押し上げる。

結束バンドをはずしたエントツとの間に余裕が出来る。ここでエントツをわきにずらして引き抜く。ここまで終われば、エントツ掃除はひと山越したも同然。ホッとする。

ここで、ヘタをしてエントツが倒れたりしたら室内は大ごとになる。次に、順番にストーブとつながっているエントツを上からはずして、シートの上に横にしておく。

最初は、ぶら下がった形になっているエントツのトップまでの間を掃除する。ゴミ収集用の40リットルの袋の口を30cmほど縦に一か所切って準備しておく。この袋を、エントツ掃除ブラシを突き入れるエントツの下でしばりつける。これで準備はOKだ。
2、3本つないだブラシを袋の切込み部分に入れて、エントツに差し込む。袋が脱落しないように、片手でしばった部分を押さえながら、ブラシを上下させつつ回転させ、徐々に上に伸ばしてやる。袋の中には、エントツ内部にこびりついたタールがパラパラと落下する。
ブラシがエントツトップに行き着くと、上に突き上げても動かなくなる。そうしたら、ブラシを左右に回しながら、引き抜いてやればいい。
最後に、ブラシを入れたゴミ袋ごとそっとエントツから引き離してやる。エントツをのぞくと、きれいになっている。上のエントツ掃除はこれで、完了！
ゴミ袋を使うと、袋の中にタールのほとんどが落ちるので、ストーブ回りが汚れないからいい。
次いで、外しておいたエントツ。
これは、3、4枚重ねた新聞紙を準備しておいて、中のタールが落ちないように注意して横にしたエントツと一緒に抱きかかえて外に運ぶ。新聞紙を地面に敷いて、その上にエントツをたてる。
立てたエントツを少し傾けて上から短くしたブラシを入れてやり、先ほどと同じように回転させながら上下させる。今度は短いエントツなのですぐきれいになる。
ここまで終わったら、エントツは家の中に持ち込み、ブルーシートに横にして並べて、ひと休みだ。
この間に掃除機で、ストーブ天板や回りに落ちたタール、細かいクズやスス（煤）を吸い取る。このあと、エントツをもとのようにつなげるのだが、この時、エントツの縦のつなぎ目を裏側にすることを忘れないよう注意することが必要だ。
元どおりつなぎ終わったら、やわらかい布をぬらしてしっかり絞って、エントツの汚れを軽く拭く。

終わったら、あらためてストーブの裏側などホコリが着いている部分を掃除機のホースを上手く使ってきれいにする。

エントツの着脱は、慣れればコツがのみこめる。そう難しい作業ではない。ただ、脚立を使うのと、ダブルエントツは意外に重いので、外した瞬間にバランスを崩して落とさないように気をつけたい。もちろん、自分も落ちないように。

◈—着火の準備

いよいよ、ストーブに薪を入れ、着火だ。わたしは2009年シーズンまで牛乳の紙パックを手で細くさいたものを使った。2010年からは、オガクズ（パイン材）をサイコロ状に植物油で固めた着火材「ファイアーアップ」（オランダ製、輸入発売元・新宮商工）を使っている。

それまではパラフィン製を予備に備えて使っていたが、年を越すと表面がボロボロになってしまった。植物油使用のものはシーズンを越しても、劣化の度合いが少なく持ちがいい。

最初は板チョコ状のを割って使っていたが、一つずつに割って100個入りになった丈夫な紙ボックス入りが1800円なので、もっぱらこれを使うようになった。

◈—着火

1次空気取入れ口は閉じたままでいい。2次空気取入れ口を全開。火室の灰を均等にならす。厚さは3cmぐらいがいい。灰が多いときは、事前に取って灰入れバケツに保存する。

最初に短めの薪をストーブの左と右にハの字形に置き、それを土台にするようにして火室の上部から数cm下まで細薪と普通サイズの薪を混ぜて積み上げる。

あるいは、井桁、三角形に積んでもいい。

ストーブシーズンは外気が冷え込んでいるので、エントツにドラフト（上昇気流）が起きにくい。着火しても煙が上昇しないで、ストーブから部屋に逆流するので、これを防ぐために、着火剤を薪の最上部に2個、その2段ほど下の薪のスキ間にも1、2個置く。その上で最上段の着火材から点火してやる。

この時は、燃焼のために大量の酸素が必要なのでトビラは少し開き加減にしておく。こうすると、どんなに寒い時でもドラフトが起きる。

薪は確実に燃え出す。薪の燃えている状況に応じて、薪を適宜入れて、燃え具合を見守る。トビラを開けているので、ストーブの前を離れないことが必要だ。

離れていると、中の薪がはぜて火の粉が床に落ちる可能性もある。細薪の積み上げ方が悪い場合、炎が煙に変わってしまうこともある。用心に越したことはない。ストーブの前から離れないことだ。

◈—炎が安定したら

火が安定して燃え出したら、先ほどの薪より太い薪を3本か4本入れる。トビラは1cmほど開けたままにして、燃焼に必要な空気を補給してやる。

太い薪から強く炎が立ち、薪全体に炎がまわり、炎が安定するのを確認する。ストーブ天板の温度計(天板の右奥か左奥に置く)が250℃近くになったら、トビラを全閉に。空気は2次空気取入れ口からのみの補給になる。温度が急速に上がり始める。

以後は薪の燃え具合と天板上の温度計に注意して、2次空気取入れ口を7、8割方絞ってやる。

温度計はバイメタルで針が動く。外周目盛りは華氏で、内側が摂氏。250℃を超えたら2次空気取入れ口をわずかに絞ってやる。薪から出たガスも燃え出す。

前世代のモルソー1510のわたしのストーブの中では、青みを帯びたガスの炎がゆっくりとトビラのガラスを上からなぞるように優雅に舞う。ストーブの中のオーロラだ。

ストーブ天板の温度計は300℃に達するので、さらに2次空気取入れ口を絞ってやる。温度針は300℃を越えるがしばらくすると、温度計に示された「バーンゾーン」（燃焼適正範囲）に下がる。

◈—オキ火づくり

このままの状態を保ってやる。「バーンゾーン」の下限温度（約200℃）の方に針が回るようだったら、2次空気取入れ口を少し開けてやればいい。着火してから40〜50分ほどで、火室はオキ火状態になる。

温度は上がり高温を保つ。さらに時間が経つと、温度計は下がり始める。200℃を下回る。そして120℃ぐらい辺りになったら、薪投入の頃合いだ。

欧米製の薪ストーブは、薪に炎を上げさせて温まるのではない。オキ火になった状態から発せられる遠赤外線とストーブに蓄熱された熱の輻射で部屋全体を暖めるものだ。このことを薪ストーブユーザーは、体験して理解、銘記することが重要だ。

決してガンガン薪を燃して、手足を温める手段に使う暖房器具ではない。

薪は、太くとも腕の肘から下の太さ、手首ぐらいのサイズがいい。ちなみに手のひらを上に向けて、わたしの手首の幅を測ったら、6.5cm。もちろん、長さはストーブに入り、左右の壁に十分にスペースがとれる長さが最良だ。

日本の昔からの囲炉裏のように、太い薪をチロチロといぶすように燃すのでなく、よく乾燥した“細い薪”を火室に目八分に積み重ねて、早くオキ火を多くつくってやる、ということだ。

私のストーブは、中型だ。温度計が 120℃前後になったら、薪継ぎをしてやる。これまでの経験では、3時間以上薪継ぎをしないで、暖かさを保持することもできる。

ある全国紙に、アメリカ製薪ストーブを使うようになった長野県の薪ストーブユーザーが、暖かさと炎の揺らめきを見る楽しみを味わっている、という記事があった。

が、記事の最後の部分に気になる次のような記述があった。「薪を1時間に1回は足さなければならないなど手間がかかる」と話している部分だ。

これは、欧米製薪ストーブの使い方に慣れていないのかも知れない。燃やし方についての説明不足、理解不足があるのではないだろうかと思った。さらに、薪が十分乾燥していないケース、あるいは投入する薪のサイズと量に原因があるのではないか。1時間に1回の薪継ぎというのは、頻繁に過ぎる。これは、オキ火をたっぷり溜めた状態で空気（酸素）の供給を絞って燃焼させているのではなく、薪が炎を上げた状態で燃えているのではないかと、推察した次第だ。

❖—トビラはソッと開閉

薪を継ぎ足す時に、ぜひ守らなくてはならないことがある。トビラを開ける時は静かに開けること、だ。

最初に1cm ほど開け、そのまま 10 秒ほど待つ。火室内で火の粉が舞ったり、炎が踊ったりしなくなるのを確認して、ゆっくり薪を入れる状態にまで開く。これを習慣づけるといい。

薪は、オキ火の上に火室の天井に5～10cm ほどのスペースを残すまで積み上げてやる。2次空気取入れ口は全開。トビラは1、

2cm開けておく。と、ボッと音がして炎が薪に火が着く。しばらくそのままにして置く。薪に火が回らない状態が数分続いたら薪の上に、着火材を1、2個のせて火をつけてやればよい。

全体に炎が回ったら温度計を見て、最初に着火したように200℃以上になったことを確認して、トビラを全閉。250℃前後になったら、2次空気取入れ口を絞ってやる。この繰り返しだ。1次空気取入れ口は、使わなくともいい。

最近、わたしは最初から1次空気取入れ口を閉じたままにして、トビラの開閉だけで焚きつけが出来るようになった。

夜、寝る前の10時か11時ごろに、オキ火状態になって150℃ぐらいになったら、薪をたっぷり投入してやる。その後は、前述と同じことを繰り返すだけだ。すぐ燃え上がる。

寝る前には、オキ火なったのを確かめてから2次空気取入れ口を8割方絞ってやる。これで、翌朝8時ころに起きてもストーブは温みを保っている。

就寝前には、ストーブのケトルから熱い湯を真空ポットに移して、ケトルに水をたして置く。こうすると、朝一番に湯沸かし器を使う必要はない。

数年前、2日間雪が降り続いた日には、明け方早くに薪継ぎをして、薪ストーブの威力を改めて感じた。外でカワラヒワの集団が寒そうに羽を膨らませているのに、こちらは家の中に春の陽が射してでもいるような暖かさだった。

7時ごろに起きて、十分に温みが残るストーブのトビラ開けて灰を掘ってみた。真っ赤なオキ火がゴロゴロしていた。オキ火を中央に集め、細割り薪数本を燃して炎をたてて薪を継ぎ、ストーブを暖めた。

この時は連続60時間以上ストーブに火が絶えなかった。灰もそれほど増えていない。火室内の温度が十分に保たれれば、灰も燃焼するのではなかろうかと、考えたものだ。

◈—太古からのDNAか？

ストーブに細薪を組み合わせ、徐々に火を大きくする。そして、薪に火を移す。ストーブの中で、本格的に薪が燃え出す。ストーブが少しずつ暖かになる。

薪ストーブに着火して、燃えるさまを確認していると、火を自在にコントロールする一種の喜びを感じる。

人類が火を使い出したのは、岩穴を住居としていた太古の時代からだ。多分、男たちは工夫と苦労を重ねて火をおこし、その火を絶やさず、注意深く見守り、寒さと危険な獣たちから家族を守った。

スムーズに薪を燃やし、燃え具合を確かめるために薪ストーブの前に座っていると、ある種の安堵感が得られる。薪ストーブの中に燃え上がる炎を見ていると、古代の人類のDNAが間違いなく現代のわれわれに引き継がれている、と改めて認識させられる。

◈—耐熱ガラスの曇り

ストーブの耐熱ガラスがススで曇るのは、気になる。以前、長野県・蓼科高原にある個人の山荘を訪ねた時、ご主人が薪ストーブのガラスにススがこびりついて困っていた。

ご主人は、毎朝ストーブに火を入れる前、濡らした雑巾にストーブの灰をつけては、せっせとススが付着したガラスを磨くことにしていたのだそうだ。

わたしも最初のうちは気にしていたが、そのうち気にならなくなった。よく乾燥した薪を燃し温度計が300℃前後になると、付着したススは燃えてしまうことが分かったからだ。

「モルソー 1510」は両開きトビラなので、密閉性を保ちクッション役をする耐熱ロープの接着時にどうしても、トビラの上の辺りの気密性が少し不足してしまうようだ。耐熱用のロープをうまく取り付けたつもりでも、薪を燃すとハの字形に、ススがつく。

それでも、上記したように温度計が300℃前後になると、ススは燃えてしまう。スジは消え、長いハの字形の線が細く残るだけなので、気にしないことにしている。

確かに、きれいに透き通るガラスを通して揺らめく青い炎を眺めるのは、楽しい。それだけで十分癒される。

毎日、ガラスを磨く蓼科の山荘のご主人のこだわりは理解できるが、

「灰でこすったら、ガラスに見えないような細かい傷がついて、かえってススがつきやすくなってしまうから、ガラスを傷つけないですむストーブ専用のガラスクリーナーを使うべきですよ」

と、忠告させてもらったことがあった。

わたしの場合は、炎と「オーロラ」が見えれば、それで十分。ガラスに関しては、多少の汚れは気にしなくなった。それでも一週間に一度ぐらいのペースでガラスのススを拭っている。

❖—オオスズメバチが薪から！

5年ほど前の真冬。1月の中旬の夜のことだった。朝からストーブに火を入れていたので、室内はポカポカしていた。

8時ころ、薪を外の薪ダナから運んで、ストーブの前のウッドバケツに重ねて置いた。

しばらくしたら突然、ブーンと大きな虫が飛ぶ羽音がした。それまで、ストーブわきの薪からカメムシが飛び出すことがあった。

「それにしても羽音が違うな」

と、音がする方向をパッと見た瞬間、スズメバチのあの特有な黄褐色と黒がまだらになった姿が視界の端を横切った。

薪の樹皮の間に、潜り込んでいたに違いない。しかも、働きバチは冬には死んでしまう。木の皮や朽ちた樹木に潜り込んで越冬するのは女王バチだけだ。

「うーん、あれは女王バチに違いない」

以前に、スズメバチに刺されて、ひどい目に遭っている。

今度刺されたら、ショック死する可能性がある。新聞にもそのことが書いてあった。

「こんな奴に刺されては、死にたくないな」

と、飛んでいった方向を必死で探した。

ところが、全然見つからない。スズメバチが飛び出したのは、初めてのことだった。

やむを得ないので、ストーブを消し、部屋の電気も消して窓を全部開けてやることにした。こうすれば、部屋は外気と同じ温度になる。

スタミナのあるスズメバチだって、急に寒くなって死ぬだろうと、考えた。

午後10時すぎだったので、ストーブは、オキ火になって1時間ほど経っていた。2次空気取入れ口を全閉して、窓は全部開け放した。

寒い。寒くてしょうがないが、その日、山舎《こや》にいたのはわたし一人。急いで零下7℃までの耐寒用寝袋を持ち出して潜り込んだ。開け放した窓からは、晴冬の星座を見る思わぬ機会を得たが、それどころではない。「早く冷えろ、早く冷えろ」だ。

2時間ほどして、窓を閉めた。寒い中でも山でテント泊する時と同じく、服を脱がずに潜り込んだ寝袋は暖かかった。

そして翌朝。残念！　どこに隠れたのか、スズメバチは見つからなかった。しょうがない。こうなったら、山舎の中を外と同じ温度にして、しばらく放置してやらなければ、退治出来ない。

そこで、決心した。暖房もなしに寒い山舎に居続けることは出来ない。しかたがない。2階の窓は外から見て分からない程度ごくわずかだけ開けて、予定を変更して自宅に帰った。

一週間後に山舎に来て、綿密に探したら見つかった。居間の長イスの脚の下、カーペットが少しめくれたようになったところに寄りかかるようになって死んでいた。

あの夜に探した場所なのに、いなかったところだ。

体長も腹の回りも人差し指よりもひと回りほど大きかった。悪辣なギャングのような吊り上った目、獰猛そうな面構えだ。とても「女王様」とは見えない。

見慣れたオオスズメバチのサイズではない。この大きさは、明らかにミツバチを襲うギャングの集団を支配する女王バチだ。

やっぱり、薪の皮のスキ間の中に潜んで越冬していたのだ。そんなところを勝手にアジトにされて突然、太い注射針のような毒針で刺されたんでは、かなわない。

それ以来、薪ダナから、直接ストーブのわきに薪を持って来るのは止めた

◈—薪は虫の越冬場所

オオスズメバチの女王の件がある前から、暖かい屋内に潜入する虫は気になっていた。越冬している虫が、室内に運んできた薪からモソモソとはい出したり、飛び出したりするのは何度も見ていた。

塩ビ製でフタが付いたコンテナボックスをホームセンターで買った。薪を室内に持ち込む時は、その箱を外に持ち出して薪タナから薪を詰める。

スキ間がなるべく出来ないようになるまで入れて、薪のわずかなスキ間からボンベ式の殺虫剤をシューッと、二吹きほど底の方

に向かって吹付け、手早くフタを閉める。

30分ほどしてフタを開け、試しに薪を全部出して見たら、いた、いた。

箱の底には、黒褐色の冬の体色になったカメムシや親指の先ほどもあるハエ、そのほか名前が分からない茶色の虫。合わせて10匹ぐらい死んでいた。

しばらく、これを続けていた。虫どもがストーブの暖気に誘われて薪の中からモソモソと、はい出して来ることはなくなった。ところが、せっかくの薪に殺虫剤の臭いが浸みこんでしまう。もったいない。

◈―拍子木打ちが一番

そこで、かつて長良川上流地域で見た真冬の川漁の風景を思い出したので、応用した。

薪ダナで薪を両手に一本ずつ持って、力を込めて拍子木を叩くように2、3度、割った面同士をカン、カンと叩いてやった。

すると、パラッパラッと、カメムシやら見たことのないヤゴのような細長い虫、大きなハエがガチガチに凍った地面に落ちた。

樹皮のスキ間に潜り込んで、冬を乗り切ろうとしていた虫たちだ。

頭の隅っこに残っていた30年以上前に見た雪景色の長良川の漁の風景は……。

長良川の流れに頭を出している大石を地元の人たちが、川に入ってガチーンと、大形のゲンノウ（金づち）で叩く。すると、石の陰に潜んでいたヤマメやウグイが震動で気絶。スーッと、川面に浮いて来る。それを網ですくい取るというものだ。

その漁の様子を真似して、

「薪に潜む虫たちも同じだろう」

と、拍子木を打つようにして打撃のショックを与えて試してみた。それが、ものの見事に成功した。

それ以来、ストーブわきに運んだ薪からノソノソとはい出して来る真冬のカメムシ、大きなハエなどにはお目にかからなくなった。

幸いにして、オオスズメバチの女王さまがストーブで暖まった部屋にご臨席されることもない。

薪から殺虫剤の臭いもしない。ストーブわきで暖まった薪の小さな山からは、木の香りがする。

いい気持ちだ——。心が休まる。いつの間にか眠ってしまう。

屋外で自然乾燥する薪であるから、虫がまぎれ込むことは、仕方がないことだ。

無農薬栽培の野菜に「虫がついていた」と苦情を言う奥さんもいるそうだが、これは筋違いというものだ。

薪に虫が入り込んでいたら、こちらがその対策を考え工夫することが薪ストーブユーザーとしての知恵、工夫であり、楽しみというものだ。常々、わたしはそう考えているところだ。

◈—薪ストーブつながり

今のところ、薪づくりは玉切りから薪割りまで自分の力だけで出来る。これがいつまで続けられるかが、問題だ。

毎年、冬が待ちどおしい。ストーブの前で、過ごすのに加え、澄んだ冬空の下で雪景色を楽しみながらテレマークスキーをするのが何よりの活力になる。

健康にもいまのところ、問題はなさそうだし、サプリメントを含めて常用している薬はない。が、体が不自由になったら、「さぁ、どうしよう」だ。

スキーは、あきらめるほかはない。が、せめて薪ストーブだけは続けたい。その時は薪割り機を買うほかないか、と考えた。
一方、山舎のある地元の人に頼んで、山仕事をしていた方を紹介してもらった。山仕事で暮らしてきたプロ中のプロだ。
年はとっても、引き締まった体で、年齢より10歳以上は確実に若く見える体つきだ。薪づくり程度は、お茶の子サイサイ、と見た。
一度、玉切りを頼んだら、山舎を留守にしている間に済ませてくれた。お礼に一升瓶を一本持って自宅まで行ったら
「いつでも、声をかけてくれていいよ」
と、言ってもらえた。うれしいことだ。お互いに年をとってから、薪ストーブを仲立ちにいい人と知り合えた。いいお付き合いが出来そうだと、確信している。
わたしは、薪ストーブを通じて知り合えて、お付き合いをするようになった人は「薪ストーブつながり」と、いつの間にか言うようになった。
単なる顔見知りや知り合いではない。同じ思いや体験を通しての友人、薪ストーブ＝薪＝自然感というある種の絆、結びつき、因縁を共有する仲間的な思いからだ。

◈—感謝しつつエントツ掃除

わたしは、二夏以上乾燥した薪を燃料にしている。シーズン初めにエントツ掃除をしてもわずかにタールが付着しているだけだ。その経験から、
「これなら２年に一家の煙突掃除でいいかな」
と、思った時もあった。
だが、もしも、がある。万々が一、ということもある。トラブルが起きた時のことを考えると厄介だし、恐い。
１年に一回、シーズン初めは必ず、薪ストーブとダブルエント

ツに感謝をこめて掃除をさせてもらっている。

2009年からのシーズンには、実験的にススの除去剤を使ってみた。オキ火になった状態のところに、「除去剤」を指示どおりに振りまいた。

それでも、なんとなく「これで、エントツがきれいになるのかい」という感じで、手ごたえというものがない。

2010年のシーズン前に、エントツ掃除をしたが、乾いた薪を燃やしているためか、ススやタールは片手の手のひらに乗る程度しか出ていなかった。

どうも、アナログ人間は、実際に量や重みを自分の感覚で実感し、確かめないと気がすまない。

化学的にススやタールを除去するということは、便利なことで理解は出来る。でも、やっかいなことに、はずしたエントツの中をこの目で確認して、ようやく安心出来る。アナログ人間が、デジタル的時代に生きるのは気骨が折れる。

それでも、これからは常用してみようと考えているところだ。便利さを追いかける気はないが、

「この辺までは、まぁ、まぁ後退してもいいか」

という心境になっている。

シーズン前のエントツ掃除は、一時間ほどで完了する。この程度の作業なので、そう苦にはならない。

このぐらいの“代償”で安心して、薪ストーブの暖かさと薪ストーブからの様々な楽しみを得ることが出来るのならば、

「これは怠けるなんてことを考えてはならない。バチが当たる」

と、自分に言い聞かせている。

暖炉と薪ストーブ

❖—暖炉

ヨーロッパやアメリカなどの外国映画でおなじみの暖房装置に暖炉がある。

大きな部屋の壁に石組みがある。正面が大きく開いていて赤々と薪が燃えている。暖炉の前には毛足の長いじゅうたん。

登場する場面は、西部劇なら大牧場主や大農場主の邸宅、ヨーロッパ映画なら貴族や大富豪の邸宅か別荘、といったところだ。

サイズは、スクリーンの中の人物と比較すると、高さ、横幅は1.8から2メートル程か。豪華で、かなり大きい。

見た目には豪華な暖炉だ。だが、部屋全体を暖めるものではなく、暖炉の正面に向いている体の面は暖かいものの、その他の部分はさほど暖かくないそうだ。

焚き火にあたっている時がそうだ。火にかざし、火に向いている手や顔などは暖かいが、背中やお尻は暖まらない。これは輻射熱で、火の正面に向いた体の部分だけが温められている、ということだ。

昔は、冬の住宅新築の工事現場で、朝早く大工さんたちが木切れを一斗缶の中で燃やし、前半身と背中を交互にあぶっている風景を見たものだ。これなど、原理的には暖炉と変わらない、ということになる。

映画に登場するような大型で、豪華な暖炉は富や経済力、社会的地位を誇るための象徴の一つだったのかも知れない。

暖炉は遠赤外線を発することもなく、炎の熱は囲っている石に蓄熱はされるのだろうが、現代の生活では、装飾的意味合いが強いようだ。

2011年8月20日、NHKラジオの土曜日の夕方の番組で、世界の「三種の神器」を現地からレポートするコーナーがあった。

ドイツからの報告では「一戸建て住宅、日当たりのよい庭、暖炉」とあった。もっとも、一戸建て住宅は借りることが出来るが、暖炉を設置するには家の改築が必要だ。

そのためにはかなりお金がかかるので、なかなか実現出来ないようだ、というレポートだった。

これから判断すると、少なくともドイツの庶民にとって、暖炉のある家は「あこがれ」、「夢」なのかもしれない。

外国の集合住宅でも、リビングの調度品、装飾家具としてつくられるというケースは多い。

そこで、薪を燃やすわけではなく、ガスストーブでも置いて、マントルピース（暖炉の上の飾り棚）を含めて、リビングの中心としての役割を持たせているのでもあろうか。

日本ではかつて、旧家の客間には見事な床柱を使った床の間があり、季節に応じた掛け軸や生け花が飾られていた。古くからの料亭や老舗旅館でも同じような床の間が、今でも見られる。

多くの庶民の家の居間には神棚があった。今でも、江戸の伝統を引く鳶の親方は、長火鉢を前に座り、その頭上には神棚を戴く。

いずれも宗教心を含め、それがなければ様にならないものだった、と考えられる。欧米の暖炉にも、日本の床の間的な思考のようなものがあるのかもしれない。

モルソー社（デンマーク）の薪ストーブのカタログで以前、腰をかがめれば、大人二人ぐらいは入ることが出来そうな立派な暖炉の中に、大型の薪ストーブ（輻射式の1620型？）が設置されているものがあった。

写真の雰囲気から、暖炉を備えた建物は時代を重ねた重厚な住宅と感じ取れた。立派な暖炉とマントルピースは家の歴史を感じさせるに十分だ。

そこに置かれた薪ストーブは、暖炉へのこだわりと同時に、現代の暮らしに合わせ熱効率の高い薪ストーブへの転換を無言でアピールしていた。

❖—ビルトインタイプストーブ

暖炉に似たビルトインタイプのストーブがある。

石、あるいはコンクリートなどの断熱壁に前面の一部を突き出す形で鋳物製や鋼板製の密閉型ストーブを埋め込んであるものだ。

正面と左右の角が斜めになった部分が耐熱ガラスになっていて、正面と斜めから火室内の炎の様子がよく見える。

暖炉と思い違いしている人もいる。が、これは密閉式なのでストーブだ。遠赤外線を発して暖炉にはない暖かみがある。このタイプを築炉式暖炉ストーブと分類するケースもある。

❖—スタンディングタイプストーブ

ストーブにはビルトインタイプ（築炉式）のように、独立状態では使用できないものと自立型（スタンディングタイプ）、つまりストーブとしてそのまま使えるものに分かれる。

ここでは、スタンディングタイプのものについて説明したい。

スタンディングタイプのストーブは一部のクラシックな形のものを除いて、前面トビラに耐熱ガラスがはめ込まれている。

これだと、火室の炎とオキ火の様子はトビラを閉めたままで見ることが出来る。薪ストーブの中の炎の揺らめきや燃焼の様子を眺める楽しみを得ることが出来る。

欧米製薪ストーブ

❖―鋳鉄製／鋼板製

鋳物製、鋼板製の薪ストーブは現在、スウェーデン、デンマークなど北欧諸国、フランス、イギリス、スペインなどヨーロッパの国々のほか、カナダ、アメリカ、メキシコなど北米などで生産されている。

わが国初の“ストーブの本”を謳い、1986年（昭和61）12月出版された『ストーブ博物館』の「まえがき」で、著者・新穂栄蔵氏は次のように書いている。

「(略) ソ連を除く、いわゆる北方圏諸国やヨーロッパ、中国にも足を延ばして歩いてみたが、歴史が浅いにしても、これまでの日本のストーブは、なんとまぁ幼稚で遅れていることか、ということを痛感した次第であり、ユーザーもまた間違った使用法をただ習慣のように改めないでいることを知った (略)」

この本の初版から25年以上。現在、日本の都市部で使われている鋳鉄製、鋼板製ストーブは、おそらく9割以上が欧米の薪ストーブ先進国の輸入品である。

電気、石油ストーブ以外、「メイド・イン・ジャパン」の薪ストーブが外国に輸出されているという話は耳にしたことがない。

また、薪ストーブ製造で頑張っている地域の小メーカー、それを支えている地域のファンがいることは確かだが、それも一部に限られている。

確かに、新穂氏が指摘しているように、外国のストーブ先進地で製造された高性能で優秀な薪ストーブを使っている人たちの中にも、その優秀さを生かさないで使っているケースは少なくない。

欧米製薪ストーブは、薪の炎を大きくして暖をとるのではないことをしっかりと、頭に入れることが大切だ。

つまり、オキ火を多くつくってやるのだ。炎が勢いよく上がるには酸素が余計に必要になる。炎が上がっていると、一見ストーブの温度が上がる。しかし、大量の空気と共にストーブ内の熱はエントツから出てしまい、せっかくの熱が無駄になる。

たくさんのオキ火を早くつくり、2次空気取入れ口を絞って空気をエントツから外に出すことを極限に抑えてやると、火室内の温度が下がらず、遠赤外線と蓄熱によって長時間暖気を保つことが出来る。

密閉性の高い欧米製薪ストーブは、このようにつくられている、ということだ。

鋳物製はオキ火によって大量の遠赤外線を放出するのが特徴だ。

寒さが厳しい北欧、アメリカなどのストーブメーカーは薪を効率よく燃やすために、研究、改良を進めている。

欧米から輸入された薪ストーブの排気は、薪ストーブ先進国であり市場の大きいアメリカの排気に対する厳しい規制・基準をクリァしているので、住宅街で使用しても問題はない。

ちなみに現在、日本に薪ストーブの排気に関する規制・基準はない。

これらのストーブの多くは、メーカー系列の代理店を通じて日本に輸入されている。

国産、中国産、台湾産のものがホームセンターなどで販売されているが、これらは欧米産のものに比べて価格はかなり低い。品質には大きな差がある。

欧米製品の大きな特徴は、鋳物製、鋼鉄製ともに内壁（両側と背部）には耐火レンガが組み込まれていることだ。これによって、保温性（蓄熱性）と内、外殻の耐熱性能も高まっている。

また、中国製、台湾製とくらべると欧米製品は、密閉性が高く、一見して素人目にも鋳物の肌のきめの細かさ、鋼板の質の高さが明白だ。さらに仕上がり精度が、高い。

燃焼性、保温性（蓄熱性）を高めるのにはストーブの密閉性の高さが要求されるが、欧米製品はこの面でもしっかりと、つくられている。

◈—デザイン性豊か

かつて使われていた日本の鋳物製の石炭ストーブは、火室で燃料が直接外殻の内側に接触していた。その結果、石炭の火力が強くて胴の部分が熱で赤くなり、新品でもシーズン後はサビが加わり、赤茶色にひどく変色、退色した。

現在、製造販売されている欧米製の薪ストーブは、内部の両側と後部が耐火レンガで覆われている。このため、「殻」に火が接触しない。熱で赤くなることはない。

また、耐熱塗料が塗られていて、通常の使用で塗料が熱で劣化してサビが出ることはない。通常に使用しているならば、長年使っていても大きく退色、変色することもない。

欧米製の薪ストーブは、デザイン性が豊かだ。古典的な黒の耐熱塗料を基調にしたシックな趣のものが主流になっている。

メーカーによっては、外殻の鋳物をホーロー塗装した赤や濃いブルーなどカラフルな製品を生産している。

また、保温性（蓄熱性）の高いソープストーンという板状にした石で表面を囲ったストーブがある。

それぞれ家具的感覚、カジュアル感をもたせたもの、カントリー調ありで、興味深い。使用者の好み、ライフスタイル、ストーブを設置する部屋、場所によってサイズや種類を選択できる。

❖―適正価格でこそ適正工事

ストーブは高価な買い物であり、設置したら、家具を移動するようにその場所を変えることは不可能だ。将来も長期にわたって薪の入手手段、購入方法を含め、購入前には慎重な検討、準備をすることが大切だ。

薪ストーブに絶対、衝動買いはあってはならない。

求める時は専門店を訪ねて、ストーブの設置場所、自分の希望を遠慮せずに述べて、一からじっくり説明をしてもらう。疑問点を解消してもらうことが必要だ。

この時、店側が欧米製薪ストーブでは、

① 二重で内部と外部の空間に断熱材を充填した断熱二重エントツが重要な役割をすること、その値段。

② ストーブ設置に関しては、ストーブの発熱方式（輻射式か、対流式か)、サイズ（発熱量の違い）によって、ストーブと家屋の壁・家具などの距離に関して防火上の対策に違いがあること。

③ そのために必要な工事費などを明確に説明しないで、あいまいなままに終始したら、その店で買うことはきっぱりあきらめて、やめた方がいい。

モノにはつくる側、売る側に適正な利潤があってはじめて「正常な製品」が、最終使用者の手に入るのだ、ということを再確認していただきたい。

常識で考えて、値引きの範囲を超えるような値段につられ「しめしめ、いい買い物が出来た。買い得、買い得！」と、思って手に入れて、設置工事もしてもらう。ところが、後になって、付帯工事の結果がトラブルになることだってある。

エントツが一重のシングルだったり、工事がいい加減なものだったりしたら、当面はしのげるが、時間が経ったら、「119」に電話しなくてはならないようなボヤ騒ぎになるかもしれない。結局、わたしのように再工事になることは必定だ。

例えは悪いが、「安物買いの銭失い」になることは絶対に避けるべきだ。後々まで、腹が立つものである。要は、長期にわたり十分なケアをしてくれる販売店、買手の言いなりにならないで、納得出来るように話しをする業者を見極めることだ。

発熱方式

鋳物製、鋼板製のストーブには、底部以外のストーブ全体を温めて輻射熱を発する輻射式と内壁（殻）と外壁（殻）の間に空気を通して温め、室内に対流させる対流式がある。

とくに鋳物製は蓄熱性が高く、発する遠赤外線も多い。

❖—輻射式

蓄熱性が高い鋳物を材料にした鋳物製が、製品の多くを占める。火室の火が鋳物の本体を暖める。

輻射熱を出すと同時に、底部を除く躯体全体から遠赤外線を放射する。ストーブに手を触れれば、確実に火傷する高温になる。火が消えてから徐々に外殻の温度は下がり始めるが、約8時間後でも暖かみが残る。

ストーブの全体が高熱になるので火災を予防する上で、壁に接して設置することが出来ない。防火スペースが必要だ。

必ず壁から離して設置する。それでもストーブ先進国のアメリカの基準にあるように本壁との間に最低限幅2.5cm以上の空間を確保してレンガを積むなどした断熱壁が必要になる。

さらに、各機種のマニュアルに従って断熱壁との間には一定の距離を確保しなければならない。

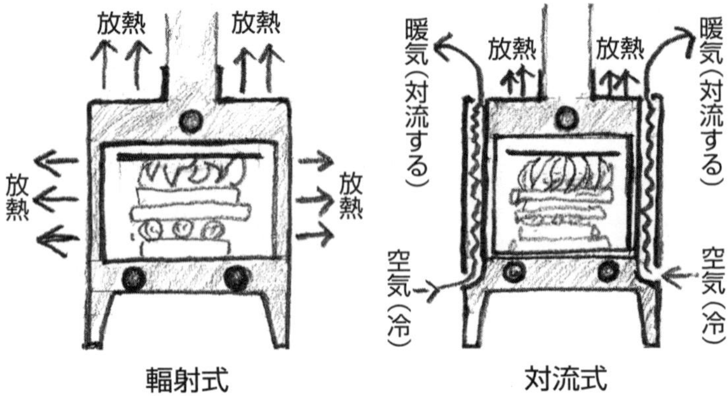

図14●薪ストーブの暖房方式概略図

ちなみに、シングルエントツだったり、防火スペースがないと、徐々に壁内部が炭化して発火する低温火災になる。

またシングルエントツでは、タールが付着して排気がスムーズにされなくなる。最終的には、エントツが詰まってしまう。こうなると、ストーブ使用中にエントツ火災や爆発するようにエントツがはずれるなどする。

幼児がいる家庭では、子どもの火傷事故を防ぐためにストーブガードをストーブの回りにめぐらせる必要がある。

◈—対流式

ストーブが二重構造になっていて、外殻と内殻の間が中空になっている。火室の温度が上昇すると、この中空部分の下部から部屋の空気が吸い込まれて暖められ、上部の吹き出し口から対流する。鋳物製、鋼製がある。

ストーブ前面、天板は熱せられて輻射熱が出る。輻射式より、室内が温められる時間が短い。輻射式と違って正面、天板以外の外殻の温度が低くなるため、輻射式より壁に近づけて設置することが可能。狭い部屋などに設置出来るという利点がある。
しかし、幼児がいる家庭では万が一を考えて、輻射式と同様に火傷事故防止のためにストーブガードをつけた方が安全だ。
輻射式に比べて構造が複雑になるので、同じサイズの輻射式より価格は割高になる。
対流熱と輻射熱を出す構造で「複合式」とされている製品もあるが、機種は少ない。

◈―オーブン付き

鋼板製で、オーブンが火室の上、下、わきのいずれかに付いている。暖房のかたわらパン焼き、ピザ焼きなどオーブンを使う様々な料理に使える。かなり大型になる。基本的に、輻射式だ。

薪ストーブの排気規制

◈―スタンダードはEPA（アメリカ環境保護局）基準

薪ストーブ先進国アメリカでは、その排気に関して厳しい基準規制が設けられている。基準をクリアした製品にはEPAラベルがはられている。
市場規模が大きいアメリカで販売するため、欧州の薪ストーブメーカーは基準をクリアするための研究、技術開発に力を注ぐ。その結果は、規制基準に先行する成果にもつながる。EU加盟国で生産され、基準に達している製品にはCEラベルが添付される。
一方、日本では欧米ほど薪ストーブは普及していない。メーカーもローカルなものが多い。未だ、わが国独自の薪ストーブの排気に関する基準規制は存在していない。
いわば、薪ストーブ排気に関しては、野放し状態の日本だが、幸

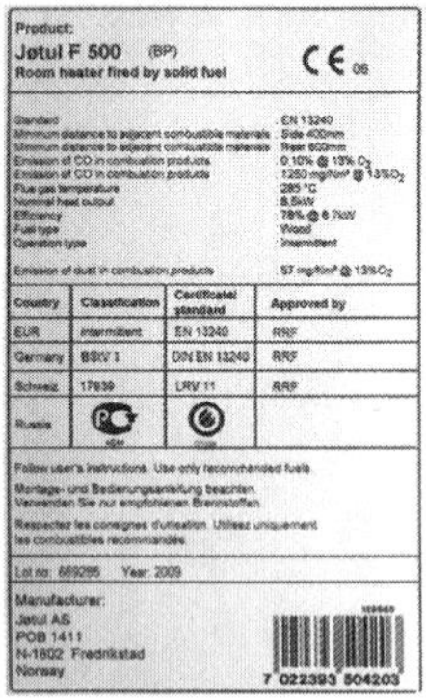

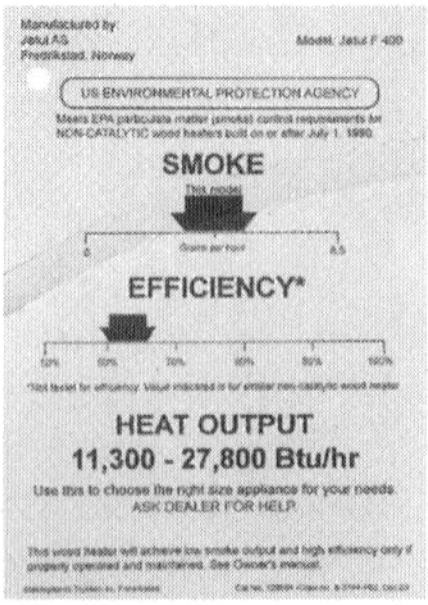

図15 ● EU基準／USA基準を充たすラベル

いなことに輸入されている欧米製の薪ストーブは、アメリカ環境保護局(EPA)の排気規制基準をクリアしたものだ。欧米製薪ストーブで、CO_2減らしという環境面の貢献がささやかながらも出来るのだ。

◈—規制基準クリアの方法は二つ

排気規制対策として、ヨーロッパのメーカーで主流になっているのは、「クリーンバーン（CB）方式」。アメリカのメーカーが採用しているのは、いまのところ「触媒方式」が主流である。

クリーンバーン（CB）方式

薪を燃やすとエントツ内に上昇する空気の流れ＝排気圧（ドラフト）が起きる。この圧力を利用して、細いパイプで火室に空気を導く。

この空気は温まり、火室の煙突に近い部分でシャワー状に吹き付けられて、薪から出たガスを煙と共に燃してしまう。メーカーが長年蓄積した経験と技術力が結集した対策だ。

触媒方式

触媒方式は、「キャタリック・コンバスター」と呼ばれる部品を設置している。

キャタリック・コンバスターは、多孔質のセラミックや特殊な金属の網で出来ている。これを火室上部に設置。煙と薪から出るガスをエントツに吸い込まれる前に、このキャタリック・コンバ

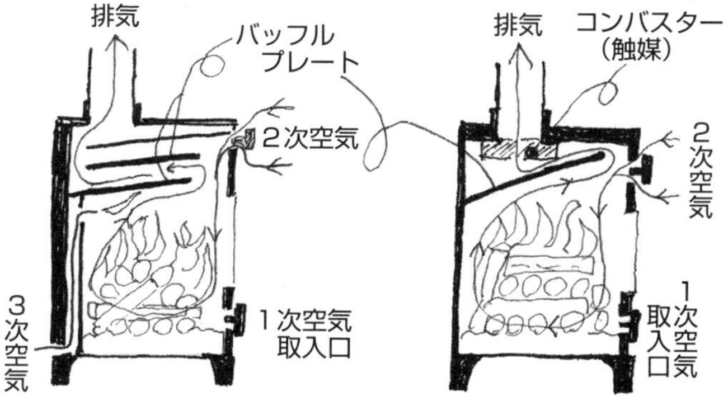

図16●クリーンバーン方式（左）・触媒方式（右）の概略図

スターを通過させることで煙の燃焼を促進する。

キャタリック・コンバスターは一定の時間が経過すると劣化するので、メーカーのマニュアルに従って交換しなければならない。

◈—微粒子の規制値

アメリカ環境保護局（EPA）の薪ストーブの微粒子排出量に対する現在の規制値は、

CB方式が7.5g／h、触媒方式が4.1g／hと、なっている。

クリーンバーン方式と触媒方式の規制値に違いがある。なぜなのか種々資料に当たってみたところ、触媒方式はコンバスターを一定時間使用すると機能が劣化してくることに理由があるようだ。

このため機能低下分を“前倒し”することによって、部品交換をしなくてもよいクリーンバーン方式と長期的に排出量のバランスを考慮した結果ではないかと考えられる。ちなみに、触媒は適正使用なら6シーズン以上もつが、扱いがよくないと2年程度で消耗する。

燃し方などによるだろうが、メーカーの使用説明書に従って早めの交換を心がけるべきだろう。車にたとえれば、エンジンオイルの交換だ。目やすの走行距離（交換時期）を無視して走ると、排気ガスが濃くなる。それによってエンジン各部の損耗が起きる。結果的には修理費用が高くなる。車なら修理中は代車を貸してもらえるが、ストーブではそうはゆかない。

デンマークの薪ストーブメーカー SCAN 社の「薪 1 kg 当たり燃焼時の排出量比較テストデータ」がある。それによると、クリーンバーン方式の薪ストーブと燃焼効率がよくないストーブでは一酸化炭素、微粒子、タールの各排出量は大きな差がある。

以下のグラフで明らかだ。一酸化炭素は 36 分の 1 。微粒子とタールは各 15 分の 1 となっている。

また、燃料別の CO_2 の排出量も薪を 1 とした場合、石炭は 14.3

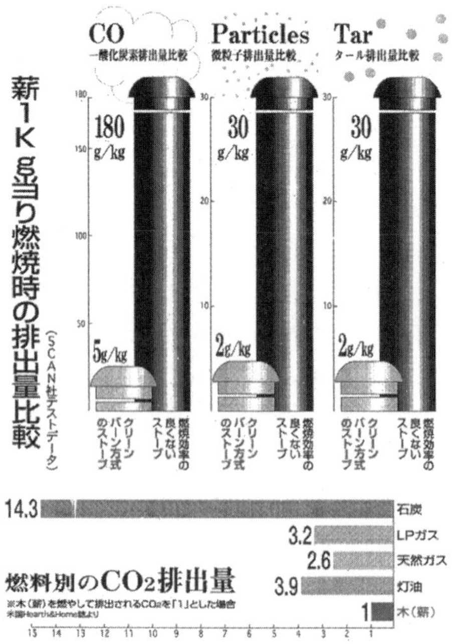

図17 ● CO^2 排出量比較

倍、灯油3.9倍などとなっている。石炭ストーブが姿を消したのもうなずける、というものだ。

石炭の火力は、薪に比べてかなり高いが、硫黄分を多く含んでいるため、排気のコントロールが難しい。

上記の「燃料別のCO_2排出量」の数字、データをご覧になれば、石炭のCO_2排出量が薪に比べていかに多いか、お分かりいただけた、と思う。

同時に灯油、天然ガス、LPガスよりも薪が排出するCO_2は格段に少ないこともこのデータからはっきりしている。(グラフはいずれも㈱新宮商行のホームページによる。)

◈—都会でも問題ない欧米製薪ストーブ

大気汚染の元凶の一つである自動車の排気ガス規制は、人間の健康に被害を及ぼすばかりかCO_2、窒素酸化物など地球環境の悪化を少しでも阻止しようという手段の一つだ。

薪ストーブの使用率が高い欧米では、屋外に排出されるストーブの煙も多い。そこには、車同様に、規制すべき必然性があった。

ウィキペディアのストーブの項によると、

燃料となる薪がふんだんに入手できるアメリカの郊外地域では薪を使用する暖房器具の使用比率は高い。

日本の薪ストーブの普及は注目されてはいるが、欧米に比べれば普及率ははるかに及ばない。未だ緒についたばかりだ、と言ってもいいぐらいだ。

かつて、日本にはない厳しい車の排ガス規制を打ち出したアメリカに、日本は規制・基準をクリアした車を輸出した。

薪ストーブでは、車とは逆に日本にはない厳しい排気規制・基準を達成した欧米の製品が輸入されている。

都会で薪ストーブを使用することについて、30年余にわたって東京・墨田区で欧米製薪ストーブの販売とそれに伴う工事施工をしている株式会社永和の富井忠則氏は、その経験から次のように説明している。

「自然の丸太を割って、含水率が20%以下に乾燥した薪を完全燃焼させることが必要。そのためには、ストーブで燃えている薪に、必要十分な量の空気を補給してやり、必要十分な高さの断熱煙突を設置してあれば、使用することに問題はないんですよ」。

以前、「薪の燃える“におい”が迷惑だ」と近所から苦情が出た、というユーザーからの相談があったそうだ。筆者にとっては薪が完全燃焼している“におい”は、燻製の食品と同じいい香りだが、「こういう時は、ご近所とのトラブルを避けるために、窓を閉める夕方になってからストーブに点火するなどの気遣いをすれば、どうですかと助言しました」と富井さん。

日本で、ストーブに関する建築基準法（昭和25年施行）上の規制はある。しかし、それは「防火上」のものだ。つまり、「エントツは不燃性壁から15cm離して設置する」としている。しかし、大気汚染に関してはないのが実情だ。

もし、購入したストーブがエントツから真っ黒い煙を出すものであっても、法的には咎められる事はない、ということになる。

だが、住宅が密集する都市で暮らすとなれば、黒煙を出すストーブを使うわけにはいかない。黒煙を出さない灯油ストーブでもCO_2は、先ほどの表のように薪に比べれば4倍近いCO_2を出しているが、目には見えない。

石油ファンヒーターの中には排気を屋外に出すタイプも多いものの、その排気が問題になったという話は、これまでに聞いたことがない。

2次燃焼を経て排気される薪ストーブの煙は、かすかに白い。白さは、乾燥した薪に残っていた水分が水蒸気として出たものだ。

近隣関係、エコ意識の高まりの中で、化石燃料を使わない薪ストーブを選ぶとなれば、欧米でつくられたものだ。あとは電気ストーブしかない。

化石燃料や原発に頼る電気ストーブは部屋全体を暖めるものではなく、ストーブの前に居る人の体の一部を暖めるだけだ。

エアコンもそうだ。決して部屋全体を暖めるものではない。基本的には暖かい風を送風しているだけだ。その証拠にエアコンのスイッチを切れば、暖かさは短時間で消えてしまう。

これに対して鋳鉄製の薪ストーブは、火が消えた後でも暖かさが長い時間続く。

ストーブの大小にもよるが、300℃から50℃になるまで7、8時間は温みを保ち、鋳物ストーブだと、遠赤外線、輻射熱を発し続ける。

皮膚や気管支を乾燥させることもない。室内の空気中に舞うハウスダスト類、ダニを燃焼のために吸い込む空気とともに燃してしまうから、健康にもよい。

薪の調達という観点から、現状では普及が地域的に限られた状態のカラマツストーブは、この際置いておく。結果的に、現在の日本で薪ストーブを選択するとなると、広葉樹の薪を燃料にする場合は排気規制・基準が確立している欧米製品の中から選ぶことになる。

薪ストーブに関する知識集

ストーブは、言うまでもなく室内を暖めるものだが、ストーブ本体はもとより、ストーブの設置に関してもさまざまな創意工夫が蓄積されている。長い試行錯誤を経て、現在のように安全に、効率よく使用出来るようになったということだ。

ここでは、薪ストーブに関して、より詳しくなるための知識をまとめた。

❖―炉回り・断熱壁

住宅の内壁を火災から守るために、ストーブ先進国・アメリカの基準は部屋の本壁との間に1インチ（2.54cm）以上の空間（空気層）を取ってレンガなど耐火物で断熱壁を設けなければならない、とある。

断熱壁の高さはストーブの丈（高さ）を十二分に超えるべきだ。また、ストーブを設置する場所は、ストーブの底の熱（断熱されてはいるが）を床に伝えないためにレンガなどを床の上に並べて固定する炉台を築く必要がある。1.2m × 1.2m ぐらいが、平均的なサイズと考えていいだろう。

日本では家の構造から、薪ストーブは、部屋の四隅のいずれかに据えつけるケースが多い。

部屋の角隅であれ、平面の壁際であれ、壁面に接する場合は低温火災予防のため、ストーブ先進国アメリカの基準を取り込み、本壁の間に 2.54cm 以上の空間を持たせた断熱壁をつくる必要がある。

既設の住宅にレンガなどで断熱壁を設置する場合、本壁をこわさずに本壁と断熱壁の間に余裕を持たせて幅を５～７cm ぐらいの空間を確保したらよいと思う。これによって、電気掃除機のスキ間用ノズルを差し込んで塵やホコリを取り除くことが出来る。

薪ストーブには輻射式と対流式があるが、前述したようにそれぞれストーブの発熱量（ストーブの大小にも通ずる）によって、断熱壁とストーブの外壁との距離（隔離距離）が異なるのでストーブの説明書に従わなければならない。

前にも述べているが、日本での薪ストーブに関する「規制」は、排気煙に関しては存在していない。1955年（昭和25）施行の建築基準法があるが、家屋内でストーブ、エントツが火元になって燃え広がることを防止する、という観点が強い。

ちなみに、当時のストーブ事情からは当然のことであったろうが、現在の薪ストーブ先進国のレベルから考えると、大気汚染防止の観点からは排気、煙に対する基準が存在していないのは、いかにも時代遅れの感がする。当然、見直されてしかるべきだ。

◈—エントツ

薪ストーブで本体と同じか、それ以上に重要なのはエントツだ。エントツには、ステンレス板を二重にして筒状にしたダブル（二重）エントツと金属の薄板（トタン板かステンレス板）を筒状にしただけのシングルエントツとがある。

ダブルエントツ

①外側と内側のステンレス板の空間に断熱材のロックウールなどを詰めた断熱材入り二重エントツ。

②2枚のステンレス板の空間をそのままにして、空気を断熱層とした中空二重エントツの2種類がある。

欧米製の薪ストーブには、断熱材を充填したダブルエントツをつける。断熱材充填のダブルエントツは、薪ストーブの性能をより高める。

断熱材を詰めたダブルエントツは、空気層のダブルエントツよりストーブの内外で温度差が生じない。このためドラフトがスムーズなので、ストーブ内の燃焼も順調に進む。断熱材入りを採用する方が長期的にはコスト面で有利。

シングルエントツ

これに対して、シングルエントツは、外気温度とエントツ内には大きな温度差があるので、ストーブから出た煙が温度差によってエントツ内で急激に冷える。
煙の成分に含まれるクレオソートはタールになって内部にこびり付く。その結果、タールがエントツ内部に急速に付着して、その層が厚くなる。ついには煙の通りが悪くなる。
乾燥不足の薪を燃やすと、木酢液が多く出る。シングルエントツは、継ぎ目から垂れる心配がある。
最終的にはエントツがつまり、煙が逆流して室内に充満したり、煙の圧力が高まったりする。そうなると、爆発したように煙突がはずれ、悲惨な結果が起きる。
室内は大変なことになる。ストーブを販売した業者の説明不足か、シングルエントツをお客の言うままに取り付けた施工業者の責任だ。メーカーにとっては、えらい迷惑な話だが、ストーブメーカーに責任があるとクレームをつける使用者もいるそうだ。
寒さが長引いて、ストーブを使う期間が長引くと、準備した乾燥済みの薪がなくなり、乾燥不足の薪を燃さざるを得ないこともある。
この場合、ダブルエントツ、シングルエントツに関わらず、頻繁にエントツ掃除をしないまま使い続けるかぎり、煙の逆流やエントツが詰まるというトラブルは避けられない。
乾燥不足の薪を燃やさなくてはならなくなったら、トラブルを起こさないために常に小まめに煙突掃除をする、という努力を欠かせない。
しかし、使用中に煙が逆流して来たとしても、エントツ掃除はすぐには出来ない。ストーブで燃えている薪は火ハサミで挟んで出し、水を満たしたバケツに突っ込んで消すしか手段はない。
エントツは、ストーブの火が消え冷えるまで、はずすことは出来ない。
こんなトラブルになったら、寒い思いをしながら、室内を掃除しなくてはならない。これは惨めで、長い時間になる。夜にでもこんなことが起きたら、絶望的になること間違いなしだ。

乾燥していない薪を燃やしたエントツの詰まりはひどい。これは、シングルエントツもダブルエントツも同様だ。詰まった煙突は、新しいものと交換する必要がある。

よく見極めて、薪ストーブの先輩やストーブ販売店の言うことに耳を傾けることが必要だ。何よりも、乾燥した薪を燃料にするということが、薪ストーブを使う上での大原則だ。

図18●乾燥が不十分な薪を燃やしたため内部にタールが固着した、断熱材充填の二重エントツ
（写真提供：富井忠則氏）

薪ストーブを購入した人や購入を予定している人から、

「煙がシングルエントツを通るときに、室内を暖めるので効率的だと思う」

ということをたびたび聞く。

そう信じるほど、シングルエントツの表面は熱くなる。しかし、それはストーブのすぐ上までだ。

断熱材入りのダブルエントツは欧米製の薪ストーブの性能を十分に機能させるため、薪ストーブとセットになっているものと、考えるべきだ。

現在、シングルエントツを使っている薪ストーブユーザーには、ぜひ断熱材充填のダブルエントツに交換することを勧めたい。

ダブルエントツの接続はロック式になっていて、回転させて接続。このあと、さらに結束バンドで固定する。これに対して、シングルエントツは接続する時、単に差し込むようになっている。

◈—カタログ性能

薪ストーブのカタログには、機種ごとに「最大薪長さ」「材質」「幅×奥行き×高さ」「重量」「暖房性能」「最大暖房面積」が明記してある。

最大薪長さ＝「最大薪長さ」はシガータイプ（p. 39）以外、ストーブの内部の横幅一杯の数字か、それより少な目の数字がミリメートル単位で記してあるのが通常だ。

しかし、実際には薪の長さは30cmぐらいがちょうどよい。

小型のストーブなら25cmだ。カタログに書いてある数字は、「入れれば、入ります」という意味だと考えた方がいい。

長い薪は、ストーブの内部の耐火レンガとこすれあうケースもある。火室に思わず勢いよく放り込でレンガにぶつかった拍子に、レンガにヒビが入る可能性もある。

また、長さがギリギリだと、オキ火を増やすために、火室に薪を井桁状に組んだり三角形に積んだりして燃す時に、耐熱ガラスにこすれたりする。薪は、横にして入れるだけでないことを忘れないことだ。

薪をつくる時は、火室の内壁（耐火レンガ）と薪の両端に十分余裕を持たせるように、薪の長さを決定するべきだ。

長い薪を縦に入れるシガータイプのストーブは別にして、最初から

「うちの薪ストーブは薪の長さは25cm」、あるいは中、大型なら「30cm」と、決めておく方がよい。

長さがバラバラだと、乾燥するために積み上げるのに苦労する。また、薪ダナに並べた時の見栄えも気になるものだ。薪を積み、乾

燥させる時は、遊び心を発揮して「薪積みアート」を楽しみたい。これに必要なのは、安定性と通気性、それに見栄え（芸術性）。いわば「薪積み三要素」だ。

材質＝鋳鉄とあれば、鋳物製。鋼板、あるいはハイ・コルテン鋼とある場合は、鋼製の板を加工したものである。鋳物製は、鋼板製に比べて蓄熱〈保温〉性がより高い。薪がオキ火になって燃え尽きて、ほぼ灰になっても長時間、温みが持続する。

幅×奥行き×高さ＝文字通り、幅、奥行き、高さのスリーサイズだ。機種によってはエントツを天板から出す「上出し」のほか、背部から出せる「後出し」もある。それらの機種は設置場所、使用者の好みで選べる。しかし、一度設置したら、変更は簡単に出来ない。

後出しにすると、「奥行き」の数字は表記のものより大きくなる。ストーブを据えつける炉台を自作、後出しを計画する際には。このことを頭に入れてかかる必要がある。

重量＝比較的小型のストーブでも、大人ひとり分の体重を超える重量のものがある。

中型になれば100kgは軽くオーバー、200kgを超える製品だってある。

新築住宅ならば、最初から土台、床下、根太を確実につくることが可能だ。しかし、既設の住宅に薪ストーブを設置する時は、機種の重量を確認した上での、十分な床下の補強が必要だ。

専門のストーブ業者と建築業者に相談して、補強を確実にしてもらうことを考えよう。

暖房性能＝ Kcal ／ h で表される。時間当たり最大に出すことが出来る熱量。常用の性能ではないことに留意する必要がある。

常時、最大の性能を引き出すためにはかなりの燃料を必要とするが、それはストーブのためにやらない方がいい。車だって最大速度で長時間運転しない。もしもそんなことをすれば、エンジントラブルなどの可能性が高くなるのと、同じだ。

最大暖房面積＝単位は㎡。100 とあれば、100 ㎡（約 30 坪）。坪数に換算するときは 3.3 で割ればほぼ相当する坪数が出る。天井高さは 2.4 メートルで計算されているのが、ほとんど。

部屋に天井がない吹き抜けの場合は、33 ㎡（10 坪）でも実質的には60平方メートルを超す。このことを念頭に置くことが機種を選ぶ際には、必要だ。

最大暖房面積が大きすぎるストーブでも、小さすぎるストーブでも後で後悔することになる。小さすぎることは絶対に避けなければならないが大きすぎるものも、また困る。

晴天の日中に、陽射しが一杯入る南側の居間では、気温が上がる。大きなストーブは、控えめに使うほかない。

最近は、断熱住宅が普及している。断熱住宅にストーブを設置する際には、小型、中型のどちらを選ぶか、素人には判断が難しい場面もある。

また高気密高断熱の住宅が増えて来ている事情がある。ケースによっては、燃焼に必要な酸素を取り入れる外気導入を考えることも必要だ。

一般の木造建築住宅はもとより、断熱住宅、高気密断熱住宅に関わらず、薪ストーブを設置する場合は、建築を依頼する段階から、多くのケースを扱っていて、豊富な経験を積み重ねている信頼出来るストーブ店に相談するべきだ。

さらに、家屋全体を暖めるのか、居間だけの暖房を目的にしているのか。それによって、ストーブのサイズ選びは、慎重さがより求められる。

建築を依頼する工務店、設計する建築士に対して、自分で選び、決めたストーブ店と積極的に接触してもらうよう持ちかける。

北海道から九州、沖縄まで南北に長い日本列島であること、同じ地方でも標高差によって、冬の気温差は大きい。さまざまな条件を念頭に置かなければならない。

薪ストーブ選びで失敗を避けるための最良の手立ては、ストーブを販売する業者選びが重要だ。

機種選びでは、家族の趣味性が反映されることが多いが、趣味性だけに偏らずに機能性を見極めることが重要だ。

カタログや建設業者任せではなく、まずは、ストーブ専門業者、出来れば、長期にわたって営業し、信頼出来る業者を紹介してもらって店を直接訪ねて、現物を見、説明を聞くことが重要だ。

「薪ストーブを新築の家に設置したい」と、ストーブメーカーはもとより、種類も機種も工務店任せにしたら、エントツはシングルでストーブはホームセンターで売っている安いものを設置された、というケースもある。

出来上がった自宅の立派さとは、いかにもアンバランスなストーブ。使ってみた結果に「おかしい！」と、気がついて専門業者に問い合わせて来た、という話もある。

❖—木材の発火温度

木材に火が着き、燃え出す温度は、400℃から470℃の間とされている。薪から出たガス（煙）を燃やす２次燃焼を起こすには、薪の燃焼温度が500℃程度にまで上がらなければならない。ストーブ天板の温度は、その時250℃から300℃だ。

◈—薪の燃焼とダイオキシン

毒性の強いダイオキシン（有機塩素化合物）は、物質が燃えれば発生するものだが、家庭用の薪ストーブで自然のままの木材を燃やした場合、その発生は低レベルで安心出来る、とされている。もちろん「自然のままの木材」と表現されているのは、十分乾燥させた薪ということだと理解すべきだ。

防腐処理をしたものやペンキなど塗料を塗った建築廃材、油をしみこませた鉄道枕木などは絶対に燃やしてはならない。燃やすと、ダイオキシン類が発生する。

◈—ストーブの表面温度

火室の約半分。常に 250 〜 300℃を保つように燃焼を調節する。この表面温度になると、ストーブ内では、薪から出たガスが燃える 2 次燃焼が起きる。いわゆるストーブのオーロラだ。クリーンバーンタイプでは、エアシャワーの噴出口から出たガスが燃える細かい炎の列が見える。

輻射式のストーブは、天板の表面温度が 250 〜 300℃、時には 350℃にもなる。他の面の温度も同様の高温だ。幼児がいる家庭では、火傷事故の防止のために、ストーブの回りを囲うストーブガードが欠かせない。

対流式は、両サイドの表面温度は輻射式のように高温にはならないが、前面と天板は輻射式と同じく高温になる。やはり幼児のいる家庭では、事故防止のためにストーブガードで囲う方が安全だ。

ストーブの上に洗濯物を干してはならない。ストーブの周りに人がいない間に、洗濯物が何かの拍子にストーブの上に落下すれば火災になる危険性がある。

干す時は、ストーブの上に落下しないような距離を考えて欲しい。私は、寝る前にストーブの正面から1．5メートルほど離して同じ高さにスタンド式の室内用小物干しを立てて、使っている。朝までにカラリと干しあがっている。

◈―遠赤外線

電磁波の一種で温度の高いものから、より多く放射される。人体をはじめ有機物に吸収されると、内部を温める。

社団法人日本赤外線協会ホームページを見ると、

「遠赤外線の持つエネルギーは、皮膚表面から約200μmの深さでほとんど吸収されてしまい、熱に変わります。(図4参照＝略) その熱が血液などにより体の内部（芯）まで効率よく伝わり体を温めているのです」

と説明している。

1μmは、1,000分の1mm。つまり、遠赤外線は、皮膚の表面に近い、浅い部分にある「温点」で吸収され、熱に変わる。その熱が血液などによって体の内部まで効率よく伝わって体全体を温めるという。

輻射式、対流式ストーブ共に遠赤外線が出ている。とくに輻射式は、輻射熱で体の表面を温めると同時に、表面温度が高くなるので、遠赤外線が対流式より多く出るのかもしれない。鋼板製、鋳鉄製を問わず薪ストーブは、遠赤外線によって体を内部からも温める効果がある。

◈―森林とカーボンニュートラルとカーボンネガティブ

森林（樹木）は、CO_2を吸収して育つ。森林には、スギやカラマツのような針葉樹を植林して育てた人工林とブナ、ナラなどの広葉樹が自然に芽を出して育つ天然林がある。

天然林には山が深く、急峻な斜面などで全く人の手が入らない森林や世界遺産に指定された北海道・知床や秋田県・白神のブナ林のように手つかずのまま後世に残さなければならない原生林がある。

一方、農村や漁村近くにある天然林〈里山林〉は人の手が入って整備されることで、健全な状態が保たれる。

人工林の針葉樹は建材に使うことを目的に育てられ、伐採後に製品にされる。

また、ナラなど家具材などに使われる広葉樹も同様に製品化されるが、伐採されるまでの期間に吸収した CO_2 は、家の柱や床、テーブルやイス、本箱、タンスなどの製品にされることで、木材内部に固定されたままになる。

一方、広葉樹のうち燃料にされる木材は燃焼時に、CO_2 を排出する。しかし、その量は、伐採されるまでに吸収した CO_2 の量と同量である、とされている。一部、薪に使われる針葉樹も燃焼時に排出される CO_2 の量は、広葉樹と同様だ。

森林（樹木）が燃料として消費されて排出する CO_2 量と伐採までの期間に吸収した CO_2 量は、差し引きゼロである。この状態が、カーボン（CO_2）ニュートラルと言われる。

ちなみに、石油、ガソリンなど化石燃料は、CO_2 を排出するだけで、消費すれば消費するだけ CO_2 を大気中に増やす。これはカーボンネガティブ、と表現される。CO_2 の排出量が吸収量を下回るケースはカーボンポジティブである。

樹木が CO_2 を大量に吸収する時期は、新陳代謝が盛んな成育期間中であり、針葉樹林では樹齢30数年を過ぎると、吸収力がグンと落ちる、と言われている。

広葉樹天然林では、20数年から30年ほど経つと、急激に吸収量が落ちる、と言われている。

このため、人工林、天然林（里山）を適切に管理すること、つまり下刈り、枝打ち、間伐、伐採、天然更新の促進、植林などの恒常的な手入れが欠かせないことになる。

かつて、里山の利用が健全に行なわれていた時代は、薪や木炭にするナラ類は20年から20数年で切り倒され、切り株から新たに芽吹かせていた。

新しい萌芽は若木になり、旺盛な生育力でCO_2を吸収して再び成木になる。結果的にではあるが、人が手を貸して、里山林を天然更新させてCO_2を効果的に吸収していたのだ。これは、まさに自然エネルギーの再生、リサイクルだ。

◈—薪の乾燥度

薪の表面湿度が15%程度になると、薪内部の含水率は20%以下になる。つまり、薪の乾燥度は80%前後になる。この乾燥度の薪が薪ストーブには最適なものになる。

割ったあと、雨に濡れないようにして自然に乾燥させた薪は、二夏過ぎると、非常にいい薪になる。薪の木口や割った面が少し濃い褐色かかった感じになる。この薪の乾燥度は、80%になっているはずだ。

薪の表面に計器を当てて、乾燥度を計るポケットに入るサイズの含水率計がある。購入してきっちりと計って、確認する手もある。表面の含水率が20%前後だと、薪内部は23～25%だそうだ。伐採直後の丸太を割った薪の含水率は50～60%ある。

◈—オキ火燃焼

前にも述べたが、欧米製の薪ストーブは炎をぼうぼうと上げて燃やしながら暖を取るものではない。早く、オキ火を沢山つくって、火室内をごく少ない酸素、あるいは無酸素状態近くにして使うのだ。オキ火で500～600℃前後に火室の温度を保つようにつくられている。

その中で、長時間にわたって2次燃焼をさせる、という構造だ。そのために、薪の乾燥度が重要になる。

薪ストーブの1次、2次空気取入れ口を全開し、さらにトビラを少し開いて、空気を多く取り入れてやると、火室内では焚き火のように炎が大きくなる。これは着火時、薪がしっかり燃えるまでのことだ。いつまでも炎を大きくして薪を燃やすと、大量の熱をエントツから放出するだけになる。

これでは部屋の中は暖まらない。ストーブの天板の温度計は300℃ほどになるので、ストーブが暖まったように見えるが、薪を無駄に燃やしてしまうことになる。

薪を燃やして、なるべく早く1次空気取入れ口を閉じ、次いで燃焼状態を確かめながら2次空気取入れ口を絞る。オキ火を多くつくって、ストーブに流入する空気の量をゼロに近づける。

こうして、長い時間オキ火燃焼をさせることで、発熱方式の違いに応じて輻射熱、対流熱、遠赤外線を出すようにする。

この燃やし方だと、薪の消費も少ない。経済的でもある。このような燃やし方をするためには太い薪より、表面積が大きくなるように割った比較的細い薪が有利になる。チロチロと燃やす囲炉裏での薪の燃やし方とは、まったく違うことを意識しないと、暖房が目的である薪ストーブの良さが際立たない。

❖―スス、タール付着とエントツの温度

北国で実際にあった話だ――

夜間、薪ストーブを使っている家のエントツから、花火が打ち上げられているように火花と炎がぼうぼうと吹き出しているのに近所の人たちが気づいた。あわてて消防署に連絡。消防車が駆け

つけた。
現場に到着した消火のプロたちは、エントツにタールが詰まった末の「エントツ火災」と、判断。エントツから噴き出し続ける火に水をかけられないことを知っているので、エントツの火が消えるまで、近隣に火が飛んで、火災にならないように長時間警戒した——。
一部始終を目撃した近所の薪ストーブユーザーは、「生木に近い薪を燃やしたに違いない」と、言っていた。
欧米製の薪ストーブに、断熱材充填の二重エントツを設置したユーザーだったが、乾燥した薪を燃やすという大原則を無視して、生木を燃やした結果、と見られている。
自宅にいたユーザーは、大騒ぎになるまで自宅のエントツが火を噴いていることに、まったく気づかなかったようだ。
エントツに付着したスス（煤）、タールが溜まるといかに危険か、これでよく分かる。
ススがエントツ内に 0.3mm 付着すると、排気温度は約 15℃上昇。1.1mm 付着すれば、排気温度は約 40 度上昇し、2.1mm になると、排気温度は約 100 度上昇するというデータがある。
前述しているが薪ストーブの天板上の温度計が 300℃を指すとストーブ内は 500℃前後になると、言われている。タールがエントツ内部に溜まったら、かなりの高温になってエントツ火災が起きること、ひいてはエントツ周辺から火災になることを肝に銘じておかなければならない。

◈—エントツ火災の温度

薪の燃焼排気ガスは 260℃前後だが、エントツ火災の燃焼温度は 1000℃以上に達する、という。
排気ガスに含まれるクレオソートは、冷えて 149℃以下になると液状化し、タールになってエントツ内部に付着する。シングルエントツでは外気温度の影響を直に受けることになり、タールが発生しやすく、エントツ掃除を怠ると火災の発生する可能性がそれだけ高まる。

すでに述べたオキ火燃焼状態に入ったストーブ内の温度を考えれば、スス、タールが厚く付着したエントツが容易に発火する可能性が高くなるのは当然だ。

◈—低温火災

発火温度（木材の場合､400 ～ 470℃）を大きく下回る通常の発火温度以下の低温で、発火する火災。

断熱壁の構造が、本壁との間に約 3 cm 以上の空間を設けない不完全な場合や輻射式、対流式を問わず、指示されている断熱壁との防火距離を守らないと、ストーブの熱で本壁内の木材などが長期にわたって乾燥される状態が続く。その結果、素材は熱を蓄積しやすくなり炭化が進む。

炭化することによって、直接、熱源に接触していなくとも木材の発火温度をはるかに下回る温度で発火し、火災の原因になる。

エントツの壁貫通部分の構造、断熱材の性能などが十分なものでなかったりすると、低温発火（火災）の危険は高くなる。

◈—ストーブ内での薪の燃焼段階

薪は、燃焼が安定した火室に投入されると最初に薪の内部に残っている水分が蒸発する。

次いで熱した薪の表面からガスが発生して、炎を上げて薪が燃える。

炎を上げて燃える段階を過ぎると、薪は木炭のような状態になり、赤熱して熱を発する。オキ火燃焼だ。酸素の供給が極端に少なくても燃焼が続く。

オキ火になって燃えた薪は、最終的に灰になる。灰の重量、体積は計ったわけではないが、ストーブに投入する前の薪の数百分の１以下になるようだ。見れば、計るまでもなく、その程度の見当がつく。

◈―木材の発熱量

発熱量は、薪が炎を上げて燃える分解燃焼といわれる状態とオキ火なって燃える燃焼を加えた熱量。独立行政法人の森林総合研究所（茨城県つくば市）の過去の関連資料を読んでも専門的すぎ、理解を越える。「ストーブ博物館」（新穂栄蔵著・1986年、北大図書刊行会）に、分かりやすく書いてあった。それによると、

〈広葉樹〉

ブナ	4700kcal／kg
ナラ	4698kcal／kg

〈針葉樹〉

カラマツ	4920kcal／kg
トドマツ	4970kcal／kg

などとある。データは北海道林業試験場のもので、改めて数値を確認するために現在、独立地方行政法人の北海道立総合研究機構森林研究本部となった林業試験場（美唄市）に問い合せた。この結果、数値は含水率０％の発熱量であることが分かった。

薪として、含水率０％はあり得ないので実際に薪として使用した場合は、この数値を下回ることになるだろう。

薪ストーブユーザーとしては、広葉樹ではブナ、ナラが発熱量の多い薪であり、針葉樹のカラマツ、トドマツは広葉樹よりも発熱量が多いのだ、という理解をしておけば、いいと思う。

ただし、針葉樹の発熱量が多いと言っても、広葉樹の薪を燃や

す欧米製薪ストーブでは､基本的に広葉樹の薪と同じに扱って､ストーブで燃やすことは出来ない。

針葉樹の薪は、焚きつけ用の細割り薪に使うだけにするべきだ。このことをしっかり確認していただきたい。

スギやヒノキの間伐材が森林に放棄されているものを薪として燃やせばいい、という見解を持つ人もいる。しかし、薪ストーブでは、明確に針葉樹も燃すことが出来ることを謳ったストーブ以外、針葉樹を燃料とすることは出来ないと、考えるべきだ。

針葉樹の樹皮にはタール分が非常に多いので、対応していないストーブで燃やすとエントツがタールで詰まることは確実。

あえて薪にするならば、全て樹皮を剥いで、乾燥を完全にしたものでなければ、北欧製ストーブの燃料にはしない方がいい。

北欧では針葉樹を燃料にしているが、基本的に北欧の針葉樹は、年輪が詰まっていて､日本のナラなどと同じような木質であり､タールが出なくなるまで十二分に乾燥させたものしか燃料にしていない、という。

❖—熱効率

ストーブの中で燃えた薪の熱は、室内に移行して暖房する。ストーブ内で発生した熱が、室内に移行する割合が多いほど効率がよい、ということになる。

鋳物製ストーブでは、表面積を多くすることで放熱性を高くして熱効率を上げるために、ちり緬じわ様の凹凸をつけたり、動植物をレリーフ状に鋳込んだり、縦に凹凸を刻んだりしてある。装飾、デザインだけを目的にしたものではなく、熱効率を高める手段が第一義である。とくに輻射式の薪ストーブは、その効果が高いと思われる。

ストーブユーザーが、使用している薪ストーブの熱効率を上げ

図19 ●最新型の対流式のひとつ、モルソー 7644CB
（鋳鉄製）ストーブ

る手段はストーブへの空気流入の調整だ。ストーブの１次、２次空気取入れ口を全開したままにしたり、トビラを完全に閉めないままにしたりすると、室内の空気が大量にストーブに流れ込み、エントツからストーブの中の高い温度の熱を逃がしてしまい、熱効率を下げることになる。

ストーブのトビラをわずかでも開けておくと、熱効率は上がらない。

◈―燃焼効率

薪（燃料）はストーブの中で燃え、熱になる。本来、燃料の薪が持っている熱量が、熱になる割合が燃焼効率だ。より少ない燃料によって、熱量をより多く発生させるストーブが燃焼効率のよいストーブということになる。

ストーブ火室の上部に、手前方向がやや上向きに設置してあるバッフルプレートがある。このプレートは、２次空気取入れ口から火室に流入する空気を暖めて燃焼効率を上げる機能がある。これによって、暖まった空気（酸素）を火室内で攪拌して薪の燃焼を促し、燃焼効率が上がるようになっている。

石炭ストーブから石油ストーブへ

1960年代まで、鋳物製の石炭ストーブは関東近辺の公共施設でも使われていた。鋳物産業の地·埼玉県川口市の文化財センター(旧·鋳物資料室）には、数十種の石炭ストーブが保存され、その一部と家庭用のストーブのポスターが展示されている。

一般家庭では火鉢、コタツが使われていた時代、当時の家庭用石炭ストーブに対する憧れ的なイメージが理解出来る。

当時、北海道の一般家庭などでは、ブリキ状の鉄板で出来た薪と石炭などを燃料にするストーブが使われていた。直径約30cm、高さ30数cmの円筒形や小判型をしていた。軽便でエントツ掃除は楽なため、半乾燥の薪でも燃やしていた。

1965年（昭和40）ごろには、「反射式」と言われる石油ストーブが出回っていた。鏡のようにメッキされた凹面鏡状の反射板で、芯の上下で調節する炎の熱を前面に集中させ、赤々と燃えるイメージを強めていた。便利な半面、消火しないまま給油したために灯油に引火して火事になったこともあった。

しかし、石油ストーブは石炭ストーブに比べたら、安くて格段に便利で、改良が進んだ。ファンヒーター方式に進化し、一層扱いやすいものになった。

2011年の東日本大震災までは裸火の「反射式」は、売り場でも目立つ場所には置かれていなかったが、電気を使うファンヒーターが停電で使えなくなったため、無動力で使える「反射式」は消費者の求めるところとなり、売り場に復活した。品不足気味にもなった。

❖—蓄熱性

燃料の薪が炎を上げて燃え終わると、オキ火になる。このオキ火は赤熱状態で燃え、時間が経過すると、発熱を終えて灰になる。

しかし、灰になって「火」がストーブに見えなくなっても、ストーブには暖かさが長時間残る。
　これは、薪が燃焼した熱をストーブの材質が吸収して蓄える性質、蓄熱性があるためだ。温かみが長時間にわたって保持されるのが、蓄熱性がよいストーブということになる。
　鋳物製ストーブは、鋼板製ストーブより蓄熱性が高い。

3 里山林の復活と薪ストーブ

放置森林の再生

森林に元気を！

山里の薪炭林であった雑木林。太平洋戦争前から戦後にかけて、建築用材を得るために植林されたスギ、カラマツなどの人工林は、共に荒廃している。

◈—里山が老齢化

樹木は、生長する際に CO_2 を吸収するが、一定の樹齢に達すると、CO_2 の吸収力が落ちると言われる。森の国、スウェーデンでは、樹齢 70 年以下の樹木の伐採を認めていない、という。結果的に、CO_2 の吸収力が落ちてきた高齢樹を伐採することであり、理にかなっている。

森林資源の更新のために伐採し、CO_2 を活発に吸収するように若木の森林にして、健全な森林に保つ。伐採した樹木はストーブの燃料にする。

これは化石燃料を使うことに比べれば、森林の健全性を保ち、自然環境を守る上で二重に環境保全に貢献することになる。

かつて、日本の里山ではナラやコナラを約 20 年周期で伐採していたそうだ。切り倒した木は玉切りし、割って薪や炭にした。

偶然のことだったろうが伐採される時期は、CO_2 の吸収力が落ち、樹勢が衰える老齢木になる前だった。健全だったころの里山林は、伐採後に芽を出す。その根元から芽を出して育った木は20年余経過すると、また伐採されて薪や木炭にされた。

家具の用材になったナラは薪炭用とは違って、樹高が10数メートル、幹もかなり太くなったが、管理がよかったために現在のようなナラ枯れの被害には遭わなかったそうだ。

日本の各地で見られるようになったナラ枯れは、樹木の伝染病だ。

過疎化と燃料革命の結果、20年余りという伐採サイクルをはるかに超えたナラ類の老齢木。そこに害虫(カシノナガキクイムシ)が寄生、媒介する病原菌によってナラ枯れが発生する。

適切な時期に薪用材として伐採することで、ナラ枯れは防ぐことが出来る。同時に、ナラなどは伐採された木の根本から新芽が出て、その3割ほどが若木になる。人の手が入ることによって、森林の更新が行なわれる。

現に、ナラやコナラ、ミヅナラが燃料にされ、あるいは薪炭の加工のために伐採、利用されていた50年ほど前までは、ナラ枯れなどという現象や被害は一般的ではなかった。

ナラ枯れが目立つようになったのは、1980年代の末から1990年代にかけてのことだ。

農山村の過疎化、高齢化、生活の近代化、台所革命が進んで、人の手が入らないままナラなどの雑木林に年月が過ぎだ。

この30～40年の間に、伐採時期を過ぎた老齢樹が急速に増えたことが、ナラ枯れ被害面積を各地に広げている理由だろう。

❖—増えるナラ枯れ

2011年8月13日の毎日新聞朝刊(東京本社発行・14版)6面のトップに「ナラ枯れ　過去最悪」の記事が掲載されている。林野庁の調査を基にしたわずか24行の短い記事だ。森林の深刻化しつつある荒廃状態が、よく分かる。この行数の記事をトップに据えた当日の紙面製作担当者の意識に敬意を表したい。短い記事なので、再録させていただく。

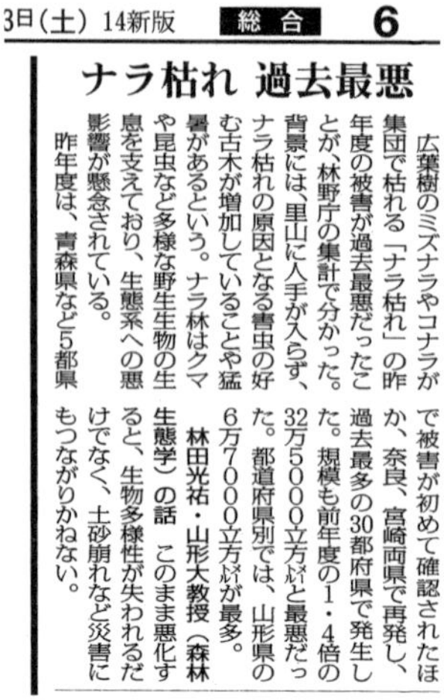
3日(土) 14新版 総合 6

ナラ枯れ 過去最悪

広葉樹のミズナラやコナラが集団で枯れる「ナラ枯れ」の昨年度の被害が過去最悪だったことが、林野庁の集計で分かった。背景には、里山に人手が入らず、ナラ枯れの原因となる害虫の好む古木が増加していることや猛暑があるという。ナラ林はクマや昆虫など多様な野生生物の生息を支えており、生態系への悪影響が懸念されている。

昨年度は、青森県など5都県で被害が初めて確認されたほか、奈良、宮崎両県で再発し、過去最多の30都府県で発生した。規模も前年度の1・4倍の32万5000立方㍍と最悪だった。都道府県別では、山形県の6万7000立方㍍が最多。

林田光祐・山形大教授（森林生態学）の話　このまま悪化すると、生物多様性が失われるだけでなく、土砂崩れなど災害にもつながりかねない。

図20 ●森林の荒廃を報ずる新聞

ナラ枯れ　過去最悪

広葉樹のミズナラやコナラが集団で枯れる「ナラ枯れ」の昨年度の被害が過去最悪だったことが、林野庁の集計で分かった。背景には、里山に人手が入らず、ナラ枯れの原因となる害虫の好む古木が増加していることや猛暑があるという。ナラ林は、野鳥、昆虫など多様な動植物の生息を支えており、生態系への悪影響が懸念されている。

昨年度は、青森県など５都県で被害が初めて確認されたほか、奈良、宮崎両県で再発し、過去最多の 30 都府県で発生した。規模も前年度の 1.4 倍の 32 万 5000m^3 と最悪だった。都道府県別では、山形県の６万 7000m^3 が最多。

林田光祐・山形大学教授（森林生態学）の話　このまま悪化すると、生物多様性が失われるだけでなく、土砂崩れなど災害にもつながりかねない。

ナラなどの樹木が吸収する CO_2 の量は、薪として燃やされる際に排出する量と同量、とされている。薪をストーブで燃やすと、排出された CO_2 は新たに植林された樹木が生育する際に吸収される。

20 年、30 年単位の長スパンのサイクルだが、森林の持つ大気の浄化作用、冷却効果、生物の多様性の確保など、森林の多くの機能を正常な状態に保ち、後世に引き継ぐためには、荒廃した森林の整備が焦眉の問題だ。

ストーブの燃料を薪に限って見る限り、CO_2 の排出、吸収は一定量に保たれることになる。

自動車が化石燃料に頼り、生産活動が重油を必要とする現代のエネルギー事情からすれば、CO_2 の排出量を再生可能エネルギーの薪だけで抑え込むことは不可能であり、非現実的だ。

しかし、薪ストーブ使用によって、CO_2 をリサイクル出来るという事実を無視するのは愚かなことだ。森林の再生によって、守られる自然環境、生態系にまで好影響をもたらしてくれることを重く見るべきだ。

◈―便利さの代償

雑木林は、台所で使われるプロパンガスや石油（灯油）ストーブ、風呂の湯沸かし器（バーナー）の普及で見捨てられた結果になった。

薪炭用として伐採されなくなったナラなどは、樹高が伸び、幹が太い老齢木となった。このような老齢木が多くなった雑木林は、ナラ枯れ被害の危険にさらされている。

全国の里山が、ほぼ例外なく同じように老齢化している。ナラ枯れは残念なことに全国に広がりつつある、と言っても過言ではないだろう。

ナラに代表される里山の広葉樹林の荒廃の始まりは、1960 年代半ばからの高度経済成長期に遡る。

都会に若年層が流出、燃料としてプロパンガスが普及し、薪炭が使われなくなった農山村、漁村の台所革命によるものだ。

便利さの代償として、この数 10 年間にわたって薪、木炭の供給源であった里山は荒廃した。

建築用材であるスギ、カラマツの人工林の荒廃の原因は、外材の輸入自由化だ。日本の林業は、1960 年代前半までに自由化された安い外国産材の輸入で、経営が成り立たなくなった。その結果、人工林は放置されるようになった。

とくに、台風襲来、大雨、集中豪雨があるたびに人工林で斜面が崩れる被害が頻発している。

毎年のように、台風シーズンが来るたびに引き起こされる土砂崩れ災害が、新聞、テレビのニュースで流れる。

現在の人工林のほとんどは密植されたままの状態だ。間伐など定期的な手入れがされないために地面に十分に根を張れていない。生育不良の状態で、長い年月が経ち、建築用材として価値も体もなしていない。

根が地面を保持するまで深く、広く張っていないので、温暖化による局地的な豪雨で、森林の斜面が洗い流され、表層の土砂流出と共になぎ倒される。

◈—見直し必要な森林の機能

局地的豪雨が土砂崩れを誘発、山間の生活道路を分断するだけでなく、家屋を押し流す。住民は大雨が降るたびに、不安と生命の危機にさらされる。

都市住民とて、局地的大雨の被害と無縁ではない。想定された時間雨量を大きく上回る豪雨が下水、都市河川をあふれさせ道路を冠水させる。住宅に流れ込み、時には低地の車を水没させる。以前は水害が考えられなかった地域が浸水被害を受けている。

気候変動の影響による予想を上回る被害に住民は驚き、泣かされている。

農山村、漁村と同時に、これまで豪雨による被害に思いも及ばなかった都市住民だ。都市に住んでいても、CO_2を吸収する森林の持つ機能や自然界で森林の果たす役割を、見直さなくてはならなくなった現代である。

放置された人工林

手入れされている里山人工林

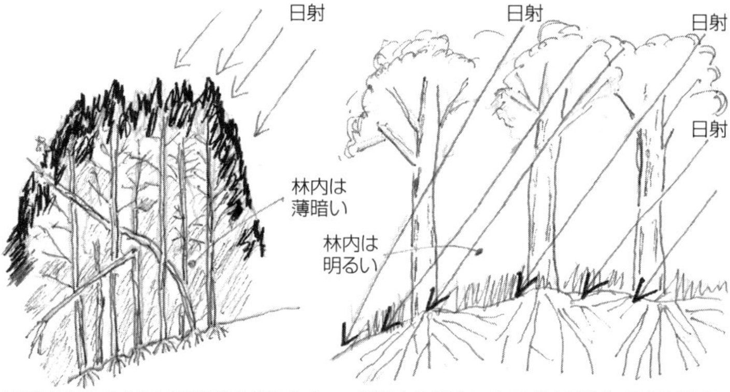

密植されたままで、日射が森林に入らないため、樹木が十分育たず、下草も生えないので、幹は痩せている。根も張れない。

樹間から地表にまで日射が届き、下草が生えて肥料になる。樹木との間隔が広いので、根も十分に張り、木の育ちがよい。

図21 ●里山の手入れ状態

◈―自然エネルギーの山間の町

この数十年間、放置されてきた森林に再び人間の手を入れて伐採や植林をし、国産木材に目を向ける企業や、木材を薪ストーブの燃料にしようという活動が動き出している。

行政、森林組合、住民が一体となって自然エネルギー推進、環境保全に取り組んでいる姿を岩手県葛巻《くずまき》町に見ることが出来る。

岩手県の内陸部をほぼ南北に走る北上山地。その北部に位置するこの町は、標高約1000mの山々に囲まれている。いわゆる中山間地域だ。

町の人口は7,417人。世帯数2,877（いずれも2011年4月1日現在）。町の中心は標高約400mにある。

町の全面積は、約435km^{2}で、横浜市（約437km^2）とほぼ同面積。町の面積の86％（37,118ha）が森林だ。

そのうち36,404haが民有林、残り714haが国有林だ。民有林の占める割合は、98%になる。

葛巻町の人工林では、気候条件からスギ、ヒノキは商品になる状態には育たない。人工林に生育している樹木はカラマツだ。

民有林のうち、森林整備センター（旧・緑資源公団）所有が1,332ha、県、町などの公有林6,502ha、私有林28,570ha。私有林が占める割合が78%と高い。

葛巻町は、酪農を中心にした農業経営、エネルギー自給などを掲げた官民一体となった先進的行政で知られる。

エネルギー面だけを見ても、風力、太陽光、バイオマス発電など自然エネルギーを中心にした発電をしている。

町農林環境エネルギー課によると、発電量の99%は計15機ある風力発電によるもので、2010年（平成22）度は5,600万kWh。民生用、産業用を合わせた町内の電力消費量は、3,500万kWh。

電力自給率は、驚くなかれ160%になる。電力エネルギー面では「完全自立」だ。発電分は東北電力に売電されている。町民が目の前で回る風車がつくる電力をそのまま消費するというものではないが、数字的には間違いない自然エネルギーによる電力自給の町である。

また、町と共に葛巻町森林組合は、環境保全、森林資源の有効活用、里山復活、自然環境保全などを掲げて、積極的な活動をしている。

町外の企業に森林を購入してもらい、森林組合が委託を受けて管理を行なう「企業の森」制度を2006年度から発足させた。これは、よく考えられた制度と言える。

◈―東京ドーム約214個分

「企業の森」用地は、後継者がいない農家の所有林やその他の理由で山を手放すことになった所有者から、市価で企業に購入してもらう方式だ。
「企業の森」購入者（企業）には、森林組合の組合員になってもらう。企業の森づくりの目標は10社、計1,000ha。
「1,000ha」。一体どの程度の広さなのか。
数字だけでは理解出来ないので、46,755m^{2}の東京ドームを引き合いにすると、その約214倍という数字になった。一か所にまとまってではなく、何か所かに分散している私有林が「企業の森」になる。
企業は、買い取った森林を森林組合に定期的に手入れをしてもらうために委託契約を結ぶ。
購入した企業は、森林組合が毎年開くイベントに参加するなどして地元と交流を深める。このような「付き合い」によって、遠隔地に住む者同士がお互いの顔を見、会話をすることが可能になる。
同時に、新たにつくり上げられる人間関係から町、住民、企業、企業の社員との結びつきが強まる。
町起こしのための多くの情報、アイディアが、山村からの視点と都会からの視野でもたらされる機会が増える。

❖—遠隔の森林でCO_2吸収

企業の希望によって、カラマツの人工林を伐採した後に、ナラ、コナラ、サクラなどの広葉樹の苗を植林する。企業と町、森林組合は「企業の森」を仲立ちにし、永続的に交流を続ける。
これによって葛巻町森林組合は、森林の保守、管理のために地元の労働力を活用することが可能で、「企業の森」は雇用の場の確保にもなる。
植えられた苗木はCO_2を吸収して育ち、約20年後には伐採される。そして、再び植林。あるいは種子を小鳥たちが運び、伐採された大樹の根本には新しい広葉樹の若木が育つ。

伐採された樹木の根元に伸びた下草は冬になって枯れて、やがて樹木が育つ栄養分になる。太陽の陽射しを浴びた若木は再び豊かな森林をつくる。

こうして、人間の手を入れてやることによって森は自然のサイクルを取り戻せる。生態系も回復する。

葛巻町森林組合の「企業の森」制度は、オーナーである企業がその活動の結果として都市部で排出する CO_2 を地域的に離れた「企業の森」で吸収することを可能にした。

さらに、森林の管理を地元（森林組合）に委託することによって、地元に利益をもたらす。

その上、企業活動の地域とは離れてはいるが、遠隔の地の森林の荒廃を防ぐことに寄与することが出来る。

森林の荒廃を放置すれば、土砂崩れなどの災害によって引き起こされる住民の財産、生命への危険を避けることが出来る、という点でも大きな意義がある。

このことは、都市住民、企業が農山村の人たちと一体感を共有することだ。また、環境保全の視点から、森林資源を永続的に有効利用、管理するために、流出する労働力を地元に確保する手段にもなる制度だ。

◈—地元と共に

これまでに「企業の森」のオーナーになったのは、いずれも森林に関係ある企業だ。

東京に本社を持つ産業用を主に生産する金網メーカー、埼玉県に本社がある住宅メーカー、前述した薪ストーブ販売会社経営の富井さんである。

金網メーカーは、岩手県に工場を持ち、社長が同町の出身。会社は、山林整備事業に必要なノリ面保守用の金網や金網カゴなど産業用を中心にした商品を製造している。
「企業の森」のオーナーになったのは、「山林整備」という企業活動の一環からだ。自社で排出する分のCO_2を「企業の森」で吸収させることで、未来の環境を守ろう、という意図で葛巻町に8haの森林を購入した。
また、6haを購入した住宅メーカー（本社・埼玉県）は葛巻町のカラマツを集成材に加工したものを、自社の住宅建築に使用している。
森林組合は、2006年に葛巻町に木材加工をする工場を設立した。いわば、子会社の工場だ。「企業の森」購入者の金網メーカー、住宅メーカーでは、会社設立に当たり、資本金の一部を出資した。
製品は、葛巻のブランドで出荷される。
これによって、町の住民の労働力と就業の場を確保出来、住宅メーカーでは自社の山林からも木材を調達出来る点で、町、企業双方にプラスになる。
日本への木材輸出国であるアメリカやカナダ、ロシア（旧・ソ連）などは、かなりのスピードで森林伐採を進めてきた。
だが、ここに来て、森林が環境に果たす役割が以前に比べて各国で重視されるようになった。とくに、アメリカ、カナダなど地球環境に対して鋭敏な国内の世論を反映して、将来は輸出を少しずつ控える動きが出始める可能性は否定出来ない。住宅メーカーの行動は、このような世界の潮流を先取りしたものになる可能性がある。

理想の薪を求め

❖—薪ストーブ屋の苦労

東京の下町、墨田区という「薪」には縁遠い場所で薪ストーブの販売をする株式会社永和の社長、富井忠則さんは葛巻町と葛巻森林組合の姿勢に共感し、2006年に葛巻町の三番目の「企業の森」のオーナーになった。

森は、「えいわの森」と、名づけられた。

富井さんは1977年､薪ストーブ先進国の北欧から輸入した薪ストーブを販売､それにともなう施工をする「永和」を創業した。以来、理想の薪を求めて、各地の林業地を訪ねた。

薪ストーブには年輪の詰まった密度の高い広葉樹の薪が理想であることを説明し、継続的に購入することを説明した。

しかし、日本には馴染みのない北欧製の薪ストーブへの理解や知識が訪ねた先の業者にはなく、いぶかられた。

薪を確保するため、長野、群馬、新潟、栃木、福島、岩手、静岡など近県や東北の森林組合や個人を頼りにした。

しかし、名刺を出して、里山、森の環境整備のためになるからと、薪づくりを依頼しても、はかばかしい反応はなかった。むしろ、

「東京から来て、わしらの山の環境整備とは……」

「山のことなら、あんたたち東京の人間よりオレ達の方がよく分かってますよ」

「東京で薪を？」

「田舎でさえ、もう薪なんか燃していない時代なのに、東京で誰が薪を燃やして暖房にするの？」

「わずかばかりの薪づくりなんか、やっていられない」

という言葉を聞かされ、言葉の端々からも同じような反応を感じ取ることが出来た。

もちろん、富井さん自身、山仕事の経験はない。山持ちでも山林地主でもない。それでも、薪ストーブと森林の関わり方には強いこだわりを持っていた。

しかし、森林組合や山林の持ち主には、薪を山の木からつくり、販売することが環境問題の解決の手立てになるという理解を得ることは出来なかった。

こんな状況が続く半面、薪ストーブに対する理解は徐々に使用者に受け入れられ、十数年前から地方にグループの系列店を展開する状況が進んだ。現在、11店がグループをつくり、富井さんが代表だ。

とは言っても、東京の下町での薪ストーブ販売は、薪が確保出来なければ“致命傷”になりかねない。鋳鉄製、鋼板製のいかに立派なストーブ先進国のものでも、薪がなくて暖をとることが出来なくなれば、ただの頑丈な鋳物や鋼鉄の箱。金庫代わりにすることも出来ない。

ストーブを購入してくれたお客さんの中には、園芸業者や植木屋さんから「不要木」を入手出来る人たちがいる。

お得意さんの薪調達力に依存しながら、薪不足が気がかりな経営が続いた。薪が足りなくなりそうだ、と言うお客さんには東京のど真ん中、中央区日本橋で薪燃料専門店を営業している薪問屋に協力をお願いしてお客さんに紹介。どうにか薪ストーブ店の面目を保ち、しのいでいた。

「この冬は、お客さんから薪の注文が殺到するんじゃないか」

「今年は大丈夫だろうか」

と、常に長期予報を気にしつつ、薪不足の心配が胸を離れないストーブシーズンを過ごしていた。

◈—葛巻町を知る

薪ストーブの性能を生かしきることが出来る「理想の薪」は、落葉樹のナラで幅7、8 cm、長さ30cm以下。少なくとも1年以上乾燥したものだ。

薪に含まれる水分は20%以下。理想のサイズに割って、雨がかからないように積み重ねて置けば、時間と陽射し、風が費用をかけずにつくってくれる。

その薪を求める富井さんの行脚が続いた。1995年から2年間は、北上市の業者に薪づくりを依頼していた。

2005年11月、岩手県大迫町（2006年1月1日、花巻市に合併）で第1回の「薪」イベントが開かれた。

この催しに参加した富井さんは、大迫町の早池峰薪エネルギー生産組合（組合員6人）のリーダー的メンバーで、以前から薪と里山の在り方を通じて親交のあった深澤光氏と今後の薪問題を話し合った。

深澤氏は、「薪割りスト」を自称し、『薪割り礼賛』の著書もある人物。木質バイオエネルギーとしてもっと薪を使おうという啓蒙活動をし、各地で講演会をするなどしていた。当時は、岩手県の農林センター指導員だった。

翌2006年6月、富井さんは深澤さんの誘いで、共に葛巻町と葛巻町森林組合を訪れた。富井さんにとって、葛巻町は初めて訪れる町だった。

◈—薪ストーブ先進国の薪

事前の下調べで、葛巻町が自然エネルギーの利活用に力を入れていることを承知していた富井さんは、森林組合で、それまで森林組合が考えていなかったサイズの薪を生産することを提言した。

富井さんの要望した薪のサイズは幅7、8cm、長さ25cmと30cm。含水率は15%以下、だった。

従来、火持ちがよい薪というのは太くて、長いものが何より、というのが常識だ。しかし、太い薪は表面積が少ない。

富井さんの示した「規格」に割られた薪は、ストーブの中で、組み上げるように積むことによって酸素に触れる面積が、太く長い薪よりはるかに広くなる。

このサイズの薪は、一見、早く燃え尽きそうだが、オキ火になってからの無酸素状態に近い状況での燃焼時間が長い。

それに対して、長い時間くすぶるように燃やすのが、「囲炉裏」で使った薪に対する考えだ。

つまり「火持ちがいい薪」であるのに対して、薪ストーブ先進国の薪に対する考えは、

「オキ火になってからの熱の放出時間が長い薪」

が、理想的な薪だと言える。

2008年2月、深澤さんと葛巻町森林組合の参事が、墨田区の永和本社に富井さんを訪問した。しかし、その時点で薪の話は具体的に進展していなかった。

さらにその4か月後の6月上旬、富井さんは突然、本社に葛巻町森林組合長の訪問を受けた。

この時のことについて、富井さんは

「荒れ果てた山林の問題について、何かのヒント、情報の収集が目的だったのかと思いましたよ」

と、話している。前回、参事が訪問してくれた時と同様に、特に定まった話題は無く、富井さんは薪ストーブ先進国の薪事情や薪ストーブが環境にやさしいことなどを話題にした。

わざわざ、組合長が本社まで足を運んでくれたのだ。ここは答礼の意味で葛巻町を訪れなくては礼を失すると、時間を置かず6

月中旬に葛巻町を訪問した。

◈―薪生産に意欲

富井さん自身、儀礼的な訪問と考えていたが、町内の自然エネルギー施設などを案内された後、森林組合のガレージハウスに森林組合の竹川高行参事が招き入れた。

驚いたことに、そこには富井さんが森林組合長に話をした「規格品」の薪がきっちり $0.5m^3$ の金網カゴ 40 個に納められ、積んであった。

薪ストーブ先進国と同様の立派な規格サイズだ。あとひと夏乾燥すれば、含水率 15%以下で売ることが出来るまでに準備してあったのだ。

富井さんが驚かされた森林組合幹部とこの時の薪との出会いが、葛巻町と株式会社永和との結びつきに進む。

森林組合の意欲に、話は急速に進展した。

葛巻町の森林組合は、富井さんが希望しているサイズの薪をつくってくれることを了解してくれた。薪は岩手ブランドで東京はもとより、関東、東北、関西、九州までも出荷されることになった。

花巻市、葛巻町と富井さんの森林整備、自然保全の環境への配慮、将来展望が一致し、薪づくりが順調に動き出した。

◈―薪用に植林

2009 年（平成 21）の 10 月、葛巻町で岩手県の盛岡振興局長立会いの下で、町森林組合と東京ドームの面積（$46{,}755m^2$）の約 1.3 倍に相当する 6 ha（約 18,000 坪）の森林を購入する契約を交わした。

森は先に述べたように「えいわの森」と名づけられた。

森林組合は、この6haに植えられているカラマツを順次、伐採して広葉樹林にする。

2011年、最初の伐採地1haには九州からも永和グループ社員が駆けつけ、地元の小学生らと共に約400人で森林組合が準備したナラ、サクラの苗木約400本を植えた。
苗木は、1年に約400本ずつ植える計画だ。最終的に、「えいわの森」は6haの広葉樹の森になり、薪ストーブで燃やされた薪が排出したCO_2と同量を遠く離れた葛巻町の「森」で吸収してくれる。

今後は、山を育てるプロ集団である森林組合の指導の下で、下刈り、定期的な間伐が続けられる。2、3年すれば、苗木は立派な若木になる。

計画だと、約20～30年後に6haのサクラとナラの森林は、伐採時期を迎える。伐採後には、伐採したナラなどの根元から自然萌芽で若木が育つ。広葉樹の天然更新だ。
「えいわの森」に先だつ1995年から97年にかけて、富井さんには、薪つくりを理解してくれたことで知り合った深澤氏がいたことが、大きな支えになっていた。

薪づくりと森林の整備、環境回復という二人の視点が重なり、葛巻町と葛巻町森林組合を紹介され環境保全の道につながった。

◈—薪のトップランナーに

伐採された材木は、薪ストーブ先進地の北欧をモデルにして「細い」薪にされる。かつて薪は太い方が火持ちがよいと、考えられていた。確かに、フロ、カマド、囲炉裏にはすべて、太い薪がくべられていた。

しかし、薪ストーブ先進地のストーブメーカーの言う薪は違っていた。富井さんは驚いた。

薪は、小ぶりの方が薪ストーブの性能を100％引き出すことが出来るのだ。
ストーブメーカーが富井さんに示した薪の燃焼実験データは、《幅7、8cm 長さ25cmから30cmにして、1年以上乾燥した薪が、一番火持ちがよく、熱効率が高くなる》とあった。
これは、男性の肘から手首の先ぐらいまでのサイズに相当する。
ノルウェー旅行中、薪ストーブ使用家庭を訪ねて、細い薪が太い薪よりはるかに早くオキ火になって、長持ちすることを目の前で確認出来た。
ノルウェー、デンマークなどは、国として薪の規格を長さ25cm、幅7、8cmと、決めていた。
富井さんの説明に、岩手県の山村の山仕事のベテランたちは納得した。
日本では、生産、販売する薪の客観的な計測単位がきちんと決まっていない。
将来、薪が北欧のように規格化されれば、対応している生産者は日本で企画された薪生産の先頭ランナーとして走ることになる。
こんな事情から葛巻町森林組合と早池峰薪生産組合が生産する薪の規格は同一になり「岩手の薪」ブランドで出荷することになった。薪のサイズは、長さ20cmと30cm。幅は約7cm。
1年以上乾燥されて、含水率は15%以下。ブランド薪は、富井さんの「ファイヤーワールド」の顧客がいる首都圏はもとより、九州の薪ストーブ使用者にまで「ファイヤーワールド標準規格・岩手の薪」として直接、出荷されるまでになった。
薪づくりについて富井さんが付けた条件は、
「新たな設備投資は生産者、消費者にコストを反映させないためにやらないで欲しい」だった。

◈—コストをかけない

薪づくりのために、地元の人たちに薪割り機は買ってもらうが、それ以外の新たな設備投資はしてもらわない。

薪を乾燥する場所は、農家が使わなくなったビニールハウス。ハウスの下部は素通しにして、上部だけを雨に濡れないようにする。（この方法が効果的に東電の原発事故後の放射性物質飛散の被害を防いだ。）費用はかけずに、たっぷり時間をかけて自然乾燥する。

薪割りは、地元のお年寄りの手でやってもらう。オノを振るうわけではないので、かつて山仕事や農作業を経験したお年寄りにとって、そう過重な仕事ではない。

薪づくりが、お年寄りにとって「お金」になる仕事になり、お年寄りの生きがいにもつながる。

また、お年寄りたちが、障害者を指導しながら薪割り作業をすることも可能だ。新しい雇用の場をつくることにもなる。

こうして、薪ストーブと薪＝森の CO_2 の吸収、排出の“単純再生産”、カーボンニュートラルのサイクルが、将来にわたって繰り返されることになる。

化石燃料ならば、CO_2 は排出されるだけだが、薪は成長過程で CO_2 を吸収。薪となって燃料として燃やされる際には、吸収した分の CO_2 しか排出しないので、薪ストーブは環境面で貢献出来る。

葛巻町には、前述したように天然林約 16,000ha がある。そのうち広葉樹林は 12,000ha を占め、その 7 割がナラだ。

森林組合では年間 200ha の広葉樹林を間伐していて、

①ナラはシイタケ原木にする。

②原木にならない規格外のものは、炭に加工する。

③炭にしても商品価値が高くならないような原木は薪にする

と、３段階に活用。森林資源を無駄なく利用しようという意識が徹底されている。

薪供給システムづくり

◈—薪ストーブの暖かさ知る

富井さんは1970年代、30歳半ばで勤務していた貿易関係企業を退職し、将来を模索している時に友人と一緒にデンマークやノルウェーを訪れた。北欧から薪ストーブを輸入していた会社の社長の息子に誘われての、ぶらり旅だった。

長野県野沢温泉村で育った富井さんはこの時に、初めて薪ストーブというものと出合った。体を包み込むような、おだやかな暖かさにびっくりさせられた。

ストーブの燃料が薪だということは、石油ストーブの暮らしをしている日本では考えられないことだった。

友人について、ストーブメーカーにも行った。

メーカーの説明を通訳から聞かされた。

「薪は、しっかり整備された森林から伐採された木材でつくられ、伐採後には苗木が植林されるのです。その樹木も何十年か後に、また薪にされます。ノルウェーでは、薪ストーブを中心にして森と薪は、何十年の単位で循環しているのですよ」

まだ、地球温暖化やその原因になるCO_2の問題などは一

図22 ●軒先に大量の薪（岩手県葛巻町で）

般には存在していなかった。

◈─痛烈なパンチから

薪ストーブ販売の道に入ったのは、このことがあったからだ。

そして会社を始めたころ、下町の遠慮のない近所のおバァちゃんから辛らつなパンチをもらった。

「あんた、バカじゃないかい、薪も売ってない東京で、今どき薪ストーブを売るなんてさ」

その言葉は、富井さんを奮い立たせた。薪を調達できる伝手を持っている人はいい。が、そんな知人や伝手を頼ることが出来ない人のために、いくら薪ストーブの良さを伝え、説明しても、薪が供給出来なければ、無責任なことになる。

遠慮なしに物を言う下町のおバァちゃんは、悪気で厳しいことを言ったわけではなかったろう。お年寄りが長年生きて来た生活感覚が、言わせた言葉だったはずだ。それは分っているが、少なからずショックだった。

決心した。「自前で薪を供給出来るシステムをつくりあげよう」。

田舎を持たない都会暮らしの都民が、別荘や退職後の田舎暮らしにあこがれている事情があったし、北欧旅行中に薪ストーブを見て、その暖かさに驚いた体験が、頭を離れなかった。

首都圏に住むストーブ購入者、使用者の中には、薪を自分で調達出来る人もいるが、その多くは薪を手に入れるために苦労する。ストーブを売るだけでは、都会ではストーブ販売は成り立たない。

ストーブを買ってもらったはいいが、燃料の薪がなければ、どんなに熱効率、蓄熱性がいいものでも、ただの飾りにしかならない鉄の箱である。

ここは、どうしても薪を継続的に供給出来るシステムがなければ、販売会社として無責任そのものになる。

❖—時代の風に先立って

薪づくりの苦労は先にも述べたとおりだ。そんな状態が続いた1995年、「里山の森と自然エネルギー」をテーマにして各地に「ファイヤーワールド」としてグループをつくり、横のつながりを構築した。

薪を確保しなくては、会社経営そのものが立ち行かなくなる。さらにグループ化された各地のファイヤーワールドに対して、グループ代表としての責任がある。

まだ、地球温暖化問題やCO_2の排出が温暖化に強く関わっているということが、現在のようにクローズアップされるようになる以前から、「薪」は常に頭を離れることはなかった。

自然環境へのこだわり、「CO_2の削減」という時代の要請、薪を確保しなければならないという思いが、強固な土台になり、薪ストーブの販売とそれにともなう工事を各地で展開する現在がある。

❖—薪ストーブの燃料コスト

寒さが厳しく、山間地で薪に恵まれている葛巻町の住民の家庭では、昭和40年代には鉄板製の薪ストーブがかなり使われていたそうだ。

生活様式も当時と変わったが、薪をストーブで燃やして暖を取るというかつての「習慣」は、この町の人たちにとって受け入れやすかった、と考えられる。

町当局も、薪ストーブの購入に対して助成金制度をつくり、脱・化石燃料を支援する。このことも拍車をかける一因で欧米製の薪ストーブが多く受け入れられている。

しかし、何と言っても購入後の燃料費が灯油（石油）に比べてはるかに安い。このことが、住民には有利な点だ。

「安い」理由は、住民自らが薪をつくることもあるが、「生産地」が自分たちの持つ山林であったり、目と鼻の先の山林で伐採したナラを森林組合から購入したりするのだから、運搬費も安い。いわば、産油国の中東でのガソリン価格が、日本から見れば、“ただ”に近いような価格であることを知れば、納得出来る。

北上山地の冬は長く厳しい。葛巻町ではストーブシーズンも当然長い。年間の石油代は一般家庭で10万円を下らないはずだ。それに比べたら、薪ストーブの燃料の薪は、はるかに安上がりだ。

薪ストーブ、エントツを買い、エントツをつけるための床の補強や壁の改良……。

初期費用はかなりかかる。が、長期的に見ると、コスト面で灯油ストーブを大きく下回る有利さは、確かだ。

同時に、見逃してはならないことは、住民の意識だ。葛巻町の代々の町長が自然エネルギー問題に町民と共に取り組んで来た歴史があった。

自然エネルギーに対する理解、自分たちの町を取巻く豊かな自然を守り、育てるという意識が高いことが、薪づくりや薪ストーブ普及に大いに役立っていると言える。

❖—大震災の体験

3・11の東日本大震災で葛巻町も11日の地震発生から13日夜の9時ころまで、長時間停電した。

さらに、ガソリン、石油（灯油）、プロパンガスの流通が滞った。乏しくなる燃料を前に住民たちは、不安な毎日を過ごした。

北国の山間地の冬は長く厳しい。

関東以南では、ウメの花が終わり、早いサクラの開花が伝えられる季節だが、春の遅い東北地方は、まだまだ寒気は強い。首都圏では春の風が吹いても、葛巻町の2月から4月にかけては、最低気温が零下である。

盛岡地方気象台によると、

2月＝平均気温は零下4.5℃。最低気温零下15.7℃。

3月＝平均気温2.2℃。最低気温零下10.8℃

4月＝平均気温7.6℃。最低気温零下3.3℃。

東日本大震災の起きた3月11日、葛巻町は関東地方南部の真冬の気候だった、と言える。

停電と乏しくなる石油とその補給の見通しが立たないまま、町民は危機的状況に突き落とされる恐れを抱いた。寒さに対する気遣いは、お年寄りたちに子ども時代の囲炉裏とコタツの暖かさを思い出させた。

囲炉裏には、太い薪が焚かれていた。チロチロと小さな炎を上げながら燃える薪は、煙たさもあった。しかし、手をかざせば、寒さを押しのけてくれた。顔は火照るほど暖かかった。

そして、コタツには灰の中で柔らかく、ほの赤く光る炭があり、布団で覆われたヤグラの中に入れた足と体を暖めてくれた。

スイッチ一つで、暖房を入れたり、切ったり出来る便利な石油ストーブやファンヒーターに慣れていた暮らしが絶たれた。

大地震による停電は、薪や木炭の生活に思いをめぐらされる機会になった。薪と木炭の恵みとそのありがたさが、50年を経て、改めて身に沁みた。

家の中で布団の中に入っていても、石油ストーブ、電機コタツのない夜の寒気は、高齢者には一層つらい。

そんな状況下、以前から薪ストーブを使っていた家庭では、寒い思いをしないで済んだ。薪ストーブのある家では、隣近所に声をかけた。多くの家で、住民が薪ストーブの前に集まって、寒さをしのいだ。

薪ストーブを使っていた家、部屋は、いわば、避難所となった。

この経験から、森林組合には薪ストーブ購入の斡旋を依頼して来た件数がこの年の8月までに3件あった。前の年は5台だったが、大地震で電気と石油のないつらさを身にしみて感じた人たちが、早々に薪ストーブ購入を決心したらしい。

町も、平成14年（2002）度から自然エネルギーの利用を推進するため、助成金制度を設けている。薪ストーブ購入もこの制度に含まれている。

町農林環境エネルギー課によると、2010年度までに64件の購入助成実績がある。とくに2011年度は大震災の影響があり、12件に急増した。12件全てが、欧米製の薪ストーブの購入だった。さらにこの数字は増えそうだと、見ている。今後は急速に薪ストーブ家庭が増えるだろう。

2011年9月下旬――。葛巻町内を車で走り、歩くと、あちこちにストーブのエントツが見える。軒先に薪を積んだり、庭先に建てた薪ダナに薪をびっしり積んだりした家々がある。

屋根のトタン葺きをはいで、薪ストーブを設置するためにエントツ工事中の家もあった。

寒さが厳しい地域だけに、昔から県内などでつくられるストーブで薪を燃やしていたそうだ。

薪ストーブを購入した家庭のエントツ工事を請け負っている地元の江田建築の社長江田昭一さんは、1953年生まれだ。も

図23 ●薪ストーブ設置のため改築中の住宅（岩手県葛巻町）

の心つくころには、自宅には囲炉裏がなく、鉄板製のストーブで薪を燃やして暖をとっていた、と言う。

今年の春までは、地元、岩手県内でつくられた鉄板ストーブを使っていたが、この秋に北欧製の対流型薪ストーブに入れ替えた。

石油ストーブから薪ストーブに転換した家庭のエントツ工事をして、従来の国産ストーブにはない体験を多く見、聞いた。

さらに、決定的だったのは、奥さんが勤め先にあった鋳物の輸入薪ストーブが気に入って、「換えるなら、こっちです」と、強く主張した結果だったそうだ。

江田さんは、先に紹介した自動車工場経営の遠藤さんの家のエントツ工事をした。よく顔を合わせるので、薪の消費量やもろもろの“薪ストーブ効果”を聞き、情報交換をする。

いまでは､業者と注文主という関係を越えたストーブ仲間だ｡私流に言えば、立派な「ストーブつながり」だ。

森林組合、町、住民が豊かな自然環境を自覚し、それを基にした町おこしに努力し、着実に歩みを進めている。

豊かな森林、自然環境を利用させてもらい、新たにして次世代に残さなくてはならないという行政、住民の意識は高い。

この機運は、部外者であるが、薪ストーブユーザー歴が長くなったわたしにとっても、うれしい。近い将来、葛巻町が日本での薪ストーブ先進地になることも夢ではない。

森林総研が薪ストーブで森林復活対策

◈—カシナガが媒介するナラ枯れ

真夏に、まるで紅葉したようにナラの木が枯れるのがナラ枯れだ。ごく短い期間にナラが集団で枯死するケースも見られる。白砂青松と称えられてきた日本各地の松林。日本列島の松を赤く枯らす松枯れが瞬く間のように広がったように、ナラ枯れも広がりつつある。

ナラ枯れを調査している独立行政法人の森林総合研究所（旧・林野庁林業試験場）関西支所（京都市）では、「ナラ枯れの被害をどう減らすか――里山林を守るために」と、題する20頁の小冊子を発行している。

表紙は、緑濃い山裾にひと足早い紅葉の季節が来たような写真だ。これが、集団ナラ枯れだ。

この小冊子の発行部数は増刷、改訂版を含め6600部。さらにデータを新しくした改訂版の発刊が準備されている。配布先は森林関係ボランティア団体、民間企業、地方自治体など。さらに、森林保護の問題に関心を持つ人たちにも、読んでもらいたい、としている。

ナラ枯れの原因について、カシノナガキクイムシ（略名カシナガ）が糸状菌（カビの一種。学名だけでまだ和名はつけられてない）を媒介して起こる樹木の伝染病と、同研究所は説明している。

ナラ枯れは、かつての薪炭林のうち、高齢樹で幹が太くなったドングリのなる樹木に発生することが多い。特に枯死する被害が大きいのは、ミズナラとコナラ。とりわけミズナラが多い森で被害が激しくなりやすいそうだ。

松枯れも樹勢の衰えた松の高齢樹に発生した伝染病だが、ナラ枯れも同じように高齢樹が被害に遭うという点が共通している。

◈―薪ストーブを提案

老樹を伐採してやれば、その根本から新しい芽が出る。ただし、高齢樹だけを選んで切り倒す択伐では、伐採後に根本から芽が出ないケースもあるので、0.1haほどを皆伐する必要がある。

さらに萌芽がないケースがあるので、その時は、新たに択伐した木の根本に苗木を補植してやる。その結果、森は若返り、健康な状態になる。その際には、シカの食害防止策も必要になる。

切り倒したナラ類の樹木を薪にして利用しなければ、伐採した大木の行き場がない。雑木林に放置すれば、その放置木からカシナガの被害が広がり、新たな問題になる。

このため、森林総合研究所関西支所では、もう一度里山を生かして復活させるために、「伐採後のナラ類を利用するひとつのやり方」として、薪ストーブの使用を提案している。

そのために、『薪ストーブがうちにきた　暮らしに生きる里山』と、題したパンフを2010年10月に刊行。関係機関や森林組合、森林保護に活動している一般のボランティアに配布している。

荒れたままにされている昔の薪炭林が、ナラ枯れになる。生物の多様性もこのままでは失われかねない。その前に、一般の人々でも関われるような形で里山をどうにかしたいと、かつてのような本来の姿に少しでも近づける手段を模索した。その中で、薪ストーブに行き着いた。

里山のナラなどの大木を伐採、薪にしてストーブの燃料に利用することで、ナラ枯れ被害に遭う前にナラの大樹を若い樹木に更新させる可能性が生まれる。伐採を機に、里山の更新を促すことも出来る。

図24 ●里山復活めざし配布されているパンフ

そのために、研究所というお堅いイメージを払拭する、画期的と評していい次のような試みをしている——。

❖—新たなライフスタイル

滋賀県大津市の北部にある集落の3軒の家に、欧米製の薪ストーブを2009年3月に2軒、2010年2月に1軒設置して、モニターを依頼した。ストーブは、アメリカ製とベルギー製の2機種だ。

ストーブ導入、設置にかかる費用は、研究所が負担した。なお、現在はモニター募集を行なっていない。

パンフレットでは、新しいライフスタイルとして里山での薪ストーブ利用を呼びかけ、その楽しさと生活面の「プラス」をレポートしている。

薪ストーブの導入で、スイッチ一つで暖房を入れたり、切ったりするエアコンや石油ファンヒーターとはひと味違った家族の共有する時間が生まれた。かつて夕食を囲んで家族が語らったような生活が薪ストーブの前に戻ったのだ。

「ストーブを中心に家族がつどい、共に過ごす時間が増えた」

「薪集めを通じて地域にこれまでとは違った共通の時間やお付き合いが、生まれた」

モニターになった薪ストーブユーザーが、その意外感を語っている。

❖—グンと減った光熱使用量

パンフでは、使用前、使用後のCO_2の排出量、光熱費、家族のライフスタイルの変化などを詳しくレポートしている。

2010年に設置した家は、データのまとめに間に合わなかったが、2009年に設置した2軒について、薪ストーブ設置前と後を比較したデータが非常に興味深い。

冬場のCO_2がA家で22％（463kg）、B家では33％（856kg）それぞれ減った。

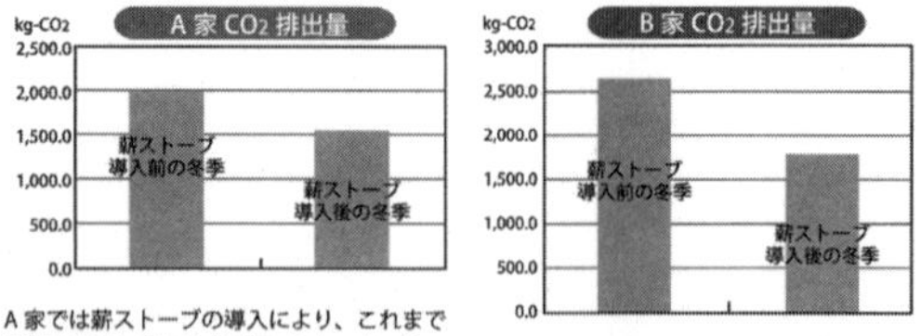

A家では薪ストーブの導入により、これまで居間で使用していたガスファンヒーターやホットカーペット、エアコンなどの暖房器具の使用をやめました。また、調理や湯沸しに積極的に薪ストーブを活用したところ、冬場の CO_2 排出量が 2.1t から 1.6t へと減少し、22%（463kg）削減することができました。

薪ストーブの導入により、1階の居間から2階の一部にかけて暖かくなったB家。灯油と電気式ヒーターを薪ストーブの焚きはじめにだけ使用し、2階の電気ヒーターの使用を減らし、薪ストーブを調理や湯沸しにも活用したところ、冬場の CO_2 排出量が 2.6t から 1.8t へと減少し、33%（856kg）削減することができました。

図25 ● A家とB家の CO_2 削減効果（『薪ストーブがうちにきた』より転載）

また、1～3月の電力使用量は導入前の同じ期間と比べると、各月約100kWh（前年の約25％減)、ガス使用量も大幅に減っていることが折線グラフで示されている。

具体的な数字は出ていないが、折線グラフから類推すると、

A家では、導入後の1月～3月の電力使用量は導入前に比して、約200～約50kWh前後少なくなっている。また、数字がはっきり出ているガスは、200㎥～150㎥少なくなっている。

B家でも同様で、電力使用量は1月～3月が100余kWh減。ガス使用量は、約150㎥～約100㎥減になっている。

いずれの家庭でも、光熱費が薪ストーブ導入前と導入後で大きく減じているのは、グラフから明白だ。

このほか、薪ストーブ

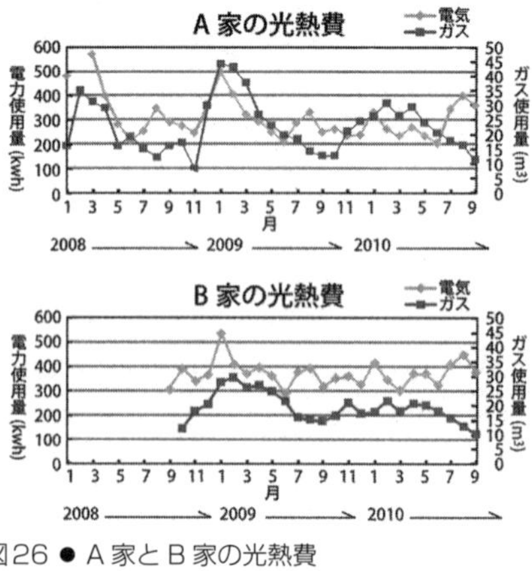

図26 ● A家とB家の光熱費
（『薪ストーブがうちにきた』より転載）

ストーブクッキング、薪の入手方法の案内がある。

エピソードとして、薪ストーブ、薪集めで出来た地域のつながりで10軒の薪ストーブユーザーが「薪割り友の会」をつくるまでになった話。薪情報の交換や薪割り機の共同利用をすることになったことなど……。

分かりやすく、楽しく読んでもらおうという工夫、アイディアが伝わる。手元に置いておきたいパンフレットになっている。

カラマツ薪で森林再生はかる人たち

◈―輸入材に負けた人工林

カラマツ林は、美しい。春の芽吹きは透明感のある新緑、秋には金色に輝く黄葉で信州の山野を染める。遠め目には、立派な森林に見える。長野県ばかりではなく、カラマツの人工林は各地にある。どこも春、秋には美しい森の風景を見せてくれる。

だが、林道や狭い作業路をたどって歩き、カラマツ林の中を見れば、健全な林相でないことは、すぐに分かる。高速道路のバスの窓からも目にすることが出来る。

ヒョロヒョロな幹、根っこごと倒れた木、林の斜面は枯れ枝や倒木で覆われている。本来なら数年置きに間伐が行なわれ、毎年、下草が刈られなければ、人工林の樹木は健康に育たない。

放置していては、とてもじゃないがまともな商品にはならないことは、素人目にも明らかだ。

1964年までにコストが安い外国産の木材輸入が完全に自由化された。安い外国産材に市場の大半を奪われた国内の森林経営者のほとんどは、間伐や森林の手入れにコストをかけることが出来ないのが実情になってしまった。

戦前から終戦後にかけて、天然の広葉樹林は国の方針でスギに代表される針葉樹の人工林につくり変えられた。
戦後は、ナラ山、クヌギなどの雑木林がスギ、ヒノキなど成長の早い針葉樹に代えられた。いわゆる拡大造林である。
ところが、針葉樹を植林したその山が荒廃した。激増した外国産材木の輸入と高度経済成長の影響のしわ寄せを受けたためだ。
薪炭林同様、人工林も1960年代から生育環境が悪化した。手入れはされず、育ち放題、伸び放題になった。
いい木材が育たないし、市場に出せるまで育つ人工林の木材の歩留まりは極端に低下。出荷しても、限られた林業家、林業会社のもの以外、かけたコストすら確保出来ない。
コストをかけた管理が行き渡らないかぎり、人工林のスギ、ヒノキ、カラマツは密植状態が放置される。根は盆栽の根のようになっている。

◈—やっかいなヤニ

枝払い、下草刈り、間伐がされない人工林は、局地的大雨、豪雨で根本が洗われ、土砂崩れが起きるなどの可能性が高い。人工林の再生、健全性確保、健全な森林経営のために、間伐は欠かせない作業だ。
こんな状況の中から、カラマツを薪にしてストーブの燃料にすることで、信州の冬の寒さ対策になるのではないか、というアイディアが生まれた。
しかし、樹脂（ヤニ）分の多い針葉樹のカラマツは、欧米産の落葉広葉樹の薪を燃やす薪ストーブでは燃やすことが出来ない。
新たなストーブをつくり出す必要がある、と考案されたのが、カラマツストーブだ。

◈—個人用が評判に

カラマツストーブは、元々は、「きりがみねストーブ」と言われていた。長野県・霧ケ峰高原のすぐ南側にある諏訪市四賀に住むシステムエンジニアリング会社経営の石神芳郎氏（1952 年生まれ）が考案した。同氏は、

「20 数年前に、松本市で開かれたクラフト・フェアに出品し、間伐材を商品化する流れをつくりたいと、強く考えるようになった。ストーブの材料は全て市販品。つくろうと考えれば誰でもつくることが可能」と言う。

このストーブは、自分が使用するためのものだった。

諏訪地方は、冬の寒気が並じゃない。何しろ寒さが厳しいほど質の良い寒天が出来るという、寒天の産地だ。

地元の人たちが

「この辺りの寒さは本州一」

というぐらい、折り紙つきで寒さが厳しい地域だ。石神さんを訪ねた人たちが、「きりがみねストーブ」を体験しては、このストーブにほれ込んで、製作を依頼したというのもうなずける。

友人、知人の希望に応じて製作しているうちに、クチコミでこのストーブの存在が諏訪地方に知られるようになった。

石神さんのストーブは工夫の結果、カラマツのやっかいなヤニが燃焼するようになっている。高温で燃焼するのが特徴で、ストーブ表面温度は 800℃を超える、という。

カラマツ林を健康な状態にするために、カラマツを薪にすることが出来る——。

長野県内の山岳会の代表の経歴もある清水馨さんは、自宅を新築した際に棟梁の紹介で「きりがみねストーブ」を設置してもらった。その縁から石神さんと知り合った。茅野市と諏訪市に住む

人たちと共に「きりがみねストーブ」を普及させて、荒れたカラマツ林をなんとか復活させたいと、動き出した。

その後、仲間たちと石神さんを訪ねて「きりがみねストーブ」の普及について、話しあった。

❖—「囲炉裏を現代化」

石神さんは清水さんらの趣旨に賛同して、ストーブの製作を了解してくれた。石神さんは設計図を図面にしていたわけでなく、技術者としての知識、経験に加えて、ひらめき、アイディアを積み重ねてつくり上げたのが「きりがみねストーブ」だった。

石神さんは、ヨーロッパまで足を伸ばして現地のストーブをつぶさに調べ、日本の炭焼き窯、登り窯、カマドを研究し尽くして「きりがみねストーブ」を完成させた、と清水さんが話す。

ストーブの製作は、石神さんの頭の中にある「設計図」に従って行なわれていた。清水さんたちは、

「石神さんがつくったストーブは、現代の暮らしに形を変えた囲炉裏を復活してくれたものだ」

と、考えている。

製作を了解してもらったものの、設計図がないため、清水さんたちには「きりがみねストーブ」と同じ性能のものが出来ない苦労が続いた。

石神さん製作の「きりがみねストーブ」を持っている清水さんたちは、何度もストーブを囲んで舐めるようにして構造の細かい部分を調べた。が、どうしても「きりがみね」の性能に並ぶことが出来ない。

解決出来なかった問題が、意外な発見から解決し、カラマツが順調に燃焼するストーブが完成した。

清水さんたちは2006年10月、有限責任事業組合「信州カラマ

ツストーブ普及有限事業組合」を設立した。「きりがみねストーブ」は、「信州カラマツストーブ」と名前を替えた。

2008年10月には、「高燃焼高効率薪ストーブ（信州カラマツストーブ）」として特許を申請した。申請の理由は、「カラマツを燃料とするストーブの性能レベルを下回らないものを普及させるためで、製造を独占するためではない」としている。

有限責任事業組合は、まだ日本ではあまり知られていないが、規制緩和策の一環としての「有限責任事業組合契約に関する法律」の施行によって2005年8月から設立が可能になった。

組合設立者は出資金分だけ責任を取れば、他に責任を問われない、という点が画期的だ。

このため、清水さんたちは理念を同じくする茅野市、諏訪市に住む仲間8人（現在は7人）で、事業組合をスタートさせた。

カラマツストーブの代理店は長野県以外に広がり計15店、販売台数は2011年8月現在、400台になったそうだ。

人工林の荒れように薪ストーブで対処しようという動きは、岐阜県の郡上市にもあった。2010年（平成22）11月に「森林資源の有効活用と地域の活性化を図る薪ストーブの普及・推進に関する検討報告書」を出している。

市が、薪ストーブに関わる各種団体の代表者や一般市民13人で郡上市薪ストーブ普及・推進協議会を設置して報告書を完成した。

同市の森林は、市域の90%を占める。この広い森林が、林業の低迷、過疎化・高齢化で手入れがされないまま荒廃が進んでいる。間伐されたスギやヒノキは、林地に放置されているのが実情。このため未利用間伐材を薪ストーブ普及によって有効利用し、化石燃料消費を削減しようというものだ。

ねらいは、環境負荷の少ない循環型社会づくりだ。同時に、薪づくりによって、意欲のある高齢者の山林に対する知識、経験を生かしてもらって地域の活力向上に役立て、ひいては地域に経済効果ももたらすことが出来る、としている。

まったくその通りだ。が、同市の場合、森林資源の大部分がスギ、ヒノキの針葉樹。薪ストーブの燃料に有効利用する場合、広葉樹を燃料とする欧米製のストーブでは、トラブルが起きる可能性は否定出来ない。

せっかく循環型社会づくりを目指しても、市民に失望を感じさせることになっては、元も子もなくなる。針葉樹をストーブの燃料にする以上は、高価なストーブが十二分に機能を発揮出来るように、慎重にストーブ選びをすることが必要だと、思う。

脱化石燃料

—身近な燃料

薪ストーブの燃料は、言うまでもなく乾燥させた樹木＝薪である。薪用に伐採された樹木の株からは、新たに次世代の樹木が育つ。「ひこばえ」だ。人間が苗を植える植林によって、森を育てることも出来る。

樹木は CO_2 を吸収して成長する。吸収した CO_2 は樹木の内部に固定される。そして、広葉樹は乾燥することによっていい燃料＝薪になる。

燃焼機能を進化させた現在の欧米製薪ストーブは、薪の煙も燃すまでに進化している。この結果、エントツから排出される煙（実はほとんどは薪に残存していた水蒸気）には、樹木が吸収した分以下の CO_2 しか含まれていない。

同時に、石油、石炭などの化石燃料を燃した際に出る窒素酸化物、硫黄酸化物は、薪には含まれていないので排出されない。

「樹木の薪化→薪ストーブによる薪（樹木）の燃焼→生育する樹木が CO_2 を吸収」。
つまり薪は再生可能エネルギーである。薪→植林→薪、というこの循環を繰り返し、地球温暖化の原因の一つである CO_2 を増やさないという点で薪ストーブは現代の地球環境に最もマッチした暖房器具だ。

現在、農山村などの雑木林（里山）は、すでに書いたように手入れをしなくなったために荒れ放題になっている。

これらの里山の広葉樹を薪ストーブの燃料として燃す。灰は家庭菜園などの肥料になる（原発事故以後は、全ての地域で灰を肥料として畑にまくことは出来なくなった。それが出来るのは、汚染されていない地域だけであることを明記しておきたい）。

その上で、人間が適正に森林を管理すれば、里山は、CO_2 を旺盛に吸収する若い樹木が育ち、元気になる。雑木林から薪を得ることは、自然の回復にも貢献する。

適切に伐採されて管理された森林は、自然更新して次世代の森が育つ。また、放置されて荒れたスギ、カラマツなどの不健康な針葉樹林を伐採した後に、次世代のエネルギーとなる広葉樹の苗木を植え、森を育てることが出来る。

この観点から、薪は化石燃料の石油とは違う再生可能な自然エネルギーだ。里山の雑木林の樹木を薪ストーブで燃す。そして、その森に次世代の樹木を育て、適正な手入れを続ける。これが、かつてのように広く普及すれば、地球温暖化の元凶とされている CO_2 の排出量をわずかでも抑制することが出来る。

薪ストーブは、鋳物や厚い鋼板でつくられた無機質な金属の箱だ。ところが、焚きつけた火が薪に燃え移って金属の箱が暖まると、この金属の箱が一変する。

トビラの耐熱ガラスを通して見える炎の揺らめき。柔らかで包み込むようなやさしさを持った暖かさ。薪ストーブは、熱い血の通った人間のように周囲の人たちの体と心を温め、癒してくれる。

薪ストーブは家族や友人をその周りに集めてくれる。「熱源」を目の前にすると、男はストーブを使った料理にも手を出したくなる。そうなると、薪ストーブの楽しさはさらに増す。

現在、欧米で生産されて日本で販売される薪ストーブは、「薪ストーブ先進国」のアメリカ環境保護局（EPA）の厳しい排気煙規制をクリアした製品が主流である。

欧米では薪ストーブのユーザーが多いだけに、排出する煙に厳しい目が向けられている。当然、欧米メーカーの排出煙対策は進む。

燃焼システムの改良や触媒を採用することで、２次燃焼を高めているのだ。煙も燃やして排気規制をクリアし、ストーブ内ではより高度に燃焼度を上げることで熱変換率も向上させている。

前述しているが、最近の地球規模での異常な気象災害は、信じ難いほどだ。気候変動や世界各地いたるところで発生している局地的豪雨は、地球温暖化が引き起こしているといわれる。

地球温暖化の要因の一つは、重油、石油に代表される化石燃料の大量消費によってもたらされる CO_2 の増加である、とされて久しい。さらに窒素酸化物、硫黄酸化物が大気汚染に拍車をかける。

1997年、京都で国連地球温暖化対策会議が開かれた。会議では、CO_2 の発生、排出を抑制する京都議定書が締結された。

地球規模で、温暖化の抑制が求められている現代である。日本では2002年に「京都議定書」の批准が行なわれ、2005年２月に発効した。

石油（灯油）を燃料にする暖房から薪ストーブへの転換、回帰は単なる回顧趣味ではない。その普及は小さいながら、個人あるいは地域が出来る温暖化防止の対策だ。

再生可能な自然エネルギーである「薪」は、化石燃料依存から脱却するための有力な暖房手段の一つであることは確かなことだ。

◈—「放置資産」の活用

日本は、昭和30年（1955）代半ばからの高度経済成長以来、前述したように農山村でも家庭の燃料が薪、木炭から灯油、プロパンガスと、化石燃料に大きく変化した。若い人たちには「ウッソー」と言われそうだが、都会でも都市ガスが普及していない地域では薪でフロを沸かしたものだった。

農山村、漁村から労働力として若年人口が大都市に集中した。大都市が栄えるのに反比例するように農林業、漁業地域では、過疎化が進んだ。生活の近代化が進むと同時に、高齢化が進行した。

その結果、日本の里山は放置された。最近では、シカ、イノシシ、サル、クマなど野生動物が山里の作物を狙って進出する際の“前進基地”になってしまっている感がする。

里山は、山村の冬の現金収入になると同時に堆肥をつくり、農作物を育てる落ち葉を提供してくれる貴重な資源だった。

時代の流れによって農山村にも、台所にはプロパンガス、風呂には灯油のボイラー(湯沸かし器)。部屋には電気コタツと石油ストーブが普及、薪や炭は昔語りの対象である。

図27 ●荒れた森に竹がはびこり杉の倒木が目立つ
(群馬県内で)

薪炭林の落ち葉は、堆肥づくりには欠かせないものだったが、高齢化で落ち葉集めは、集落の近くに限られるようになった。

落ち葉が厚く堆積したままの山林には、キノコなど山の幸も、かつてのように発生しなくなっている。また、生育力が強い竹に侵食された雑木林が目につく。

里山を元気にするために、ナラなど老齢化した落葉樹を切り倒し、薪にして薪ストーブの燃料にする。いわば、この数十年間、価値がなくなったと見なされて放置されていた「資産」を活用することが必要だ。

すでに述べたが、針葉樹林の間伐をし、あるいは皆伐して人工林の更新を進め、集成材に加工して出荷、建築用材にするシステムを構築している山村と企業がある。

これらの動きは局地的であり、まだ限られてはいる。しかし、自然保護に直接つながる時代の先取りだ。都市住民は、山村と一体になってこの動きを支援してもっと広がりを持たせなければならない、と思う。

山間地、森林の荒廃は、自然環境の激変という点で都市と密接で強い関わりを持っている。いま私たちは、このことを自覚しなければならない時代にいる。

薪で心身と森林に健康・元気を！

◈—都会で薪ストーブ

先にも書いたように、山村には放置されたままの雑木林が広がっている。ここから、薪を得ようとすれば、地方都市に住む人は容易に手に入る。

薪の供給システムのネットワークが広く行き渡り、順調に動き出せば、外国から運ぶのではなく、いわば目と鼻の先から運ぶのだから、輸送コストは低くなる。

ストーブユーザー自身が仲間同士で薪集め、薪づくりが出来る地方都市では、燃料費はよりゼロに近づく。こんないいことはない。

欧米製薪ストーブの購入、設置には初期投資にコストはかかるが、長期的には、環境にも家計にもやさしい。薪ストーブを再認識する時期に来ているように思う。

都会でも、身近なところから薪を手に入れて薪ストーブを楽しんでいるケースは多々ある。

伸びすぎた樹木の太い枝は電線に触れる。秋の台風時期になると、折れたり、倒れたりして通行に危険が予想される。これらの樹木は、大きく枝を切られるか、伐採される。

都会には、街路樹はもとより公共施設の敷地内で老齢化した樹木を専門業者が伐採する丸太や剪定対象の太い枝もある。

切断、伐採された樹木は、ゴミとして自治体の焼却場で重油などの化石燃料を使って有料で焼却処理されるものだ。

だが、薪用に引き取られるならば、新たな価値を生じる。化石燃料を使わずに薪として有効利用出来るのだ。

◈—環境・健康へのやさしさ

伐採、枝払いで切り取られた樹木は産業廃棄物だ。業者が自治体のゴミ焼却施設に持

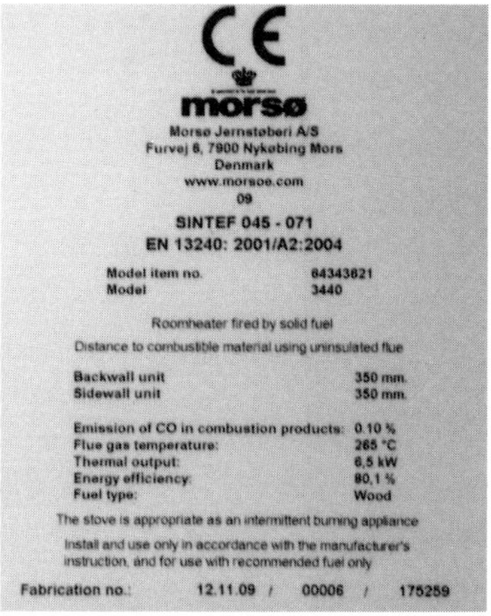

図28 ● EU等の規格をクリアしている北欧製ストーブにつけられた証標

ち込み、処理には相応の料金を払わなければならない。

この樹木（広葉樹）を薪ストーブ使用者に薪として引き取ってもらえば、コスト低下になる。焼却施設もゴミ処分量が減る。長期的には消費燃料（化石燃料）も減るだろう。

CO_2を吸収した樹木を重油で焼却処分するよりも、薪として利用する方が環境的にも理にかなっていて、ストーブ使用者、業者、焼却施設（自治体）それぞれに利点がある。落語の大岡裁き「三方一両損」ならぬ「三方各々得」ということになる。

薪ストーブは、燃焼のために室内の空気を燃焼室（火室）に吸い込む。朝日が差し込む時間に、ストーブの周囲に浮遊しているハウスダストが二次空気取り入れ口に吸い込まれるのを見ることが出来る。

ハウスダストが、薪ストーブに吸い込まれ燃焼によって少しずつ除かれる。建材に含まれる化学物質も、同様にストーブ内で燃焼するのだろう。薪ストーブユーザーの家庭で、アレルギー性皮膚疾患や喘息などの幼児の症状が軽くなったというケースもあるそうだ。

薪ストーブの暖かさを味わうために、自ら薪をつくる。精神を統一して、薪の中心にオノを振り下ろす緊張感。薪割り後の心地よい疲労感と積み上がった薪の山を見る充足感は心を豊かにしてくれる。

もちろん運動になることは、間違いない。労働ではない。心身をリフレッシュしてくれる薪割りである。薪づくりから、ストーブの火守りと癒し。そして料理。工夫、アイディア次第で楽しみは広がり、深くなる。

4 薪ストーブ料理

薪ストーブ料理は“男専科”

薪ストーブの楽しみの第一は、ストーブの熱を使った料理だと、わたしは考えている。料理と言っても、料理教室に通って勉強するようなものではない。

これまで、あちこちのレストラン、料理の様子が見えるカウンター方式の店、小料理屋などで食べて美味しかった、また食べてみたいと思う料理に近いもの､つまり「もどき料理」づくりが､男料理だと、わたしは考えている。

◈—低温での煮込み料理

味を思い出し、あれこれ試し、チャレンジしては自分なりに納得できる味に仕上げるのは、結構楽しいものだ。

ストーブ本体や天板をシミや錆びで汚したくない。

そこで、わが山舎《こや》のストーブには、常にトリベット（ストーブ専用のゴトク）２枚を天板に乗せてある。料理するときは、このトリベットに鉄ナベや鋳物製ケトルなどを乗せている。

意外な効用も分かった。天板から直接、ナベ底に熱が伝わらないから、比較的低温で煮ることができる。ホクホクして煮崩れしやすいジャガイモの男爵でも、トリベットを介してだと煮崩れしない。ダイコン、ニンジンもそうだ。

多分、ナベの中が沸騰しないので、煮ているものが踊らず、お互いにぶつかったりすることがないからだろう。温度計で計った

図29 ●（左）ストーブ上のトリベットと温度計。右はその上にかけたケトルと鍋。

ことはないが、おそらく高くても 80 ～ 90℃だろう。

◈—旨さの意外な秘密

2011 年の 8 月 6 日のお昼前後、車を運転しようと、エンジンキーを回したとたん、カーラジオから料理談義が流れてきた。多分、文化放送だった、と思う。なにやら料理談義をしている。聞いていたら、

「野菜は 60℃から 70℃で煮ると、素材の味が出る。出汁を使わなくともいい味になるのです」

と、料理研究家と思われる女性が話していた。

トリベットを使ったストーブの煮込み料理の旨さの理由に、納得がいった。これで、さらに薪ストーブの煮込み料理にチャレンジしようと意を強くした。

以下の料理は、あくまでも“オレ流”であり、読者が男料理に挑戦するきっかけや男料理を楽しむ際のヒントの一つになれば幸いだ。

わたしがやってみようとした料理は、テキストも何もない。自分流であり、最初に取り上げることになったポトフは、本当のところは、まさに“ポトフもどき”であると、思う。

男料理は、百人百様であり、「これが絶対」というモノじゃない、

と自分流に解釈している。

要は、自分が楽しんでつくり、食べてもらうことを喜ぶという姿勢でのぞんでいる。ひょっとしたら、食べさせられる方は、いい迷惑かもしれない。

《ポトフ》

広辞苑によると、牛肉の塊、野菜などを水から煮込むフランスの代表的な家庭料理だそうだが、この際「フランス」は、わきに置かせてもらった“ポトフもどき”を。なるべく深ナベ（ずん胴ナベ）を使う。

準備する材料

タマネギ、ダイコン、ニンジン、ジャガイモ各適量。ブロッコリー4分の1房、トリ手羽元（一人分が2～3本見当）、ウインナーソーセージ（同2～3本見当）。ニンニク2、3片。あれば、月桂樹（ローリエ）の葉3、4枚。

調味料など

味付け用として固形スープ3粒ほど。粒コショウ（ペッパーミルで粗挽きした挽きたてがいいが、ペッパーミルがなければ、粒コショウ10粒ほどをまな板に載せて包丁で刻む。あるいは普通の小ビン入りの粉になったもの）。

塩。

安い料理用か、飲み残した白ワイン。または日本酒（ワイン、酒はなければ、使わなくともよい）。

①ブロッコリーは、最後に入れるので洗って準備しておく。

根菜類のうち、ダイコン、ニンジンは、よく洗って皮をむかずに、大きく切って、ナベに入れる。タマネギは皮をむいて縦に4つ切りか6つ切りにする。

ジャガイモは、皮をむいて、大きめのものなら縦横に四つに切る。ニンニクは皮をむき、まな板の上で包丁の腹でつぶしておく。
これらの野菜をナベに入れて、月桂樹の葉を加え、水を8分目ほどまで入れて、ストーブ天板上のトリベットに乗せる。
そのまま、ストーブはいつものように薪を足して、天板の温度計が250〜300℃を保った状態で2、3時間置く。
根菜類に火がとおったら、ナベをキッチンに移して、アクを取る。
②トリの手羽元は、ガスレンジで軽くサラダ油をひいて、強火で熱したフライパンで表面に軽く焦げ目がつく程度に炒める。
焼き目がついた手羽元を根菜類の入ったナベに入れ、弱火にしたガスンジにかける。弱火で加熱しながら固形スープを溶かし、適当に塩、コショウを加える。味を確かめながら、少しずつ塩を入れる。
ナベの表面に浮いてきた脂とアクを適当に取る。
③手羽元の火の通りを確認し、味の具合がOKなら、ブロッコリーを小さい房に切って入れ、白ワイン（または酒）を50ccほど

変幻自在に

大きいナベでは味付けをしていないので、ナベに残っている根菜類は翌朝のスープや味噌汁にもなる。この場合、ある程度ナベの中のものが冷えたら、取り出して小さく切ってやる。
味噌汁ならブロッコリーは加えずにカツオ出汁と味噌で。ニンニクの臭いは気にならない。具沢山の味噌汁になる。
スープなら上記の③の要領で味付けをして仕上げる。
翌朝のスープ用にしたものは、冷ましてから冷蔵庫に入れて保存してもいいが、冬なので、そのままキッチンの片隅に置き、炊事が済んだ後にレンジの上にでも置いてやればいい。
市販のカレールーと肉を加えてカレーにすることもできる。

投入する。
1分ほど、そのまま加熱して、ワインのアルコール分を煮飛ばしてやる。これで出来上がり。
人数が少ない時は、キッチンに運んだあと、小さいナベに中身を適量に小分けしてから、②以下をする。

《おでん》

大きなナベを使った煮込み料理は薪ストーブにもっとも適している、と思っている。煮込み料理と言えば、日本には「おでん」がある。
さらに、じっくり時間をかけて煮上げる各種の「煮豆」がある。
「おでん」は、ポトフができたら、難しくはない。
ただし、おでんはいったんネタに火がとおった後に、味付けをする。
そうしないと、ダイコンなど野菜類はゴリゴリし、他のネタにも味が浸みず、おいしくならない。これは、以前に自宅でふろふきダイコンをつくったときの失敗から学んだ。
味をつけた汁で、皮をむいて、隠し包丁まで入れたダイコンを煮たら、いつまで経ってもダイコンの柔らかさが出ない。
「なんでなんだろう？」
と考えていたら、以前テレビで見たおでん屋の仕込みの様子を思い出した。あの時は確か、一度煮たダイコンを温まっただし汁のナベに並べていた、と。以来、ふろふきダイコンは、うまくつくることができるようになった。
余計なことを書いたが、「おでん」の味付けは、和風の出汁の素を使う。
煮上がったナベをキッチンに移して、汁をしゃもじで小さなボウルに適当な量を移す。和風出汁の素を適当な量を入れる。もちろん味見をしながらだ。

次いで、塩少々と砂糖少々、味醂、醤油を混ぜ合わせる。その汁を、ボウルから少しずつナベに入れ、ナベの汁の味を確認する。あくまでも目分量が男料理なので、ひんぱんに味見をしつつ、調味料を調整することが大事だ。

味の具合がよければ、味をネタにしみさせ、なじませるために、ナベをストーブの上にもどしてもいいし、ガスレンジでしばらく弱火で加熱してもいい。コトコトと30分ぐらい煮て、出来上がりだ。

味つけは一気にしない。味見をしつつ、少しずつ味つけすることが、肝心だ。

《ジャム》

準備する調味料など

安い白ワイン（使う量はせいぜい40～50cc程度。飲み残しでも十分。わたしはスーパーから一本360円で買って来る某有名食品会社の輸入ワインを使っている）

砂糖＝白砂糖、三温糖、グラニュー糖の3種。

塩＝岩塩（ソルトミルで粉にしたもの小さじに4分の1弱）。

ペクチン（粘性を出すのに必要）。

クエン酸（色止め用）＝ペクチン、クエン酸、共にいずれもごく少量。デパートの地下食品売り場で見つけた直径約3cm、高さ5～6cmの小ビン入りのもの。

キンカンジャム

ある年の1月末、キンカンを三重県鈴鹿市に住む知人が、どっさり送ってくれた。折よくストーブシーズン。さっそく山舎に運んでジャムにした。結果は、マーマレードジャムより香りがよく、上々の味に仕上がった。

つくり方

①キンカンはよく洗う。洗った水がきれいなものになるまで3度ぐらい洗わないとダメ。

②キンカンを肉厚の鍋に入れ、ひたひたぐらいまで水を入れ、フタをしてストーブ上のトリベットにかける。あとは2時間か3時間放置。ただし時折、水の量を確認してキンカンより上に水の面があることをチェック。少なくなっていたら補充する。

③フォークでキンカンを刺してみて、芯まで柔らかくなっていたら、鍋をキッチンに移す。シャモジでキンカンだけをボウルに上げて粗熱をとる。

④冷めたキンカン一つ一つを包丁で半分にして、タネを取り出す。これが面倒だ。タネを取ったら、キンカンをまな板の上にまとめてまんべんなく包丁で細かく刻む。

⑤キンカンを煮た煮汁をアクを含めて少し捨てる。刻んだキンカンを鍋に戻して、安い白ワインを捨てた煮汁分ぐらい加えてガスレンジにかける。弱火で加熱して、キンカンの皮が柔らかくなったら、火を止める。

⑥鍋をキッチンに移してから白砂糖、三温糖を加えてよくかき混ぜる。砂糖が溶けたら、弱火のガスレンジにかける。

グラニュー糖を好みの甘さになるように少しずつ入れ、かき回し味見。これでよし、となったらソルトミルで粉にした岩塩を一つまみ入れる。静かにかき回して味を引き締める。粘性が強いと思ったら好みで白ワインを加えて加熱。アルコール分を飛ばす。

塩は甘さを引き締めるために、ぜひ必要。塩を忘れると、どんよりした味になり、すっきり透明感のある味に仕上がらない。

岩塩を使うのは、海水からつくる塩より舌当たりがまろやかな感じがするからだ。岩塩と海塩を舐めて比べてみると分かる。

岩塩は舌の上でとけたあと、ほのかに甘みのような感じが残るので、ジャムづくりに使ってみた、というわけだ。

ジャムの味の仕上がりは、確かに海塩を使ったものより、すっきりとしたものになった。

この微妙な舌への感覚は、人によって異なるかも知れない。

ジャムの味を引き締める少量の塩でしかないが、少なくともわたしの舌には、この少量の岩塩が、ジャムの仕上がりを助けてくれているような気がしている。多分、岩塩にはニガリ成分が少ないせいではないか、と思っている。

⑦カンキツ類なので、ペクチン分が多いためトロリ感があるから、キンカンジャムにはペクチンを使わない。長期保存には色止めのために、クエン酸をごく少量（ティースプーンの柄の先に載る程度の量）を使う。

クエン酸は、小鉢に入れた白ワイン５ccほどに入れて、よく混ぜる。それをジャムの鍋に入れて弱火で加熱しながらゆっくりかき混ぜる。

⑧ビン詰めにして保管するには、洗ったビンからフタをはずして共に５分間ほど煮沸消毒。

トングを使ってビンとフタを熱湯から取り出したら、中の湯をしっかり出して、すぐにビンの肩辺りまでジャムを入れる。ふきんを厚く畳んで、ジャムを入れたビンの口を持って鍋の熱湯に入れる。

フタを軽く閉めて２〜３分置いてからフタをきつく閉める。同時に鍋から取り出して粗熱を取る。取り出す時には、たたんだふきんを使って火傷しないようにする。

これでビン詰めが完了する。粗熱をとってから、冷蔵庫の野菜室に保管するもよし、流し台の下に仕舞うのもよしだ。１週間ぐらいすると、味がなじむようだ。

しっかり煮沸消毒をすれば、わたしの経験では、1年後でも味は変わらなかった。もちろん、カビなどは出なかった。

フタを開ける時は、ガスレンジの火でフタの周囲をあぶる。ふきんでフタを覆って握り、片方の手でビンをしっかり掴んでちょっと強くひねってやると、簡単に開く。

開かない時は、もう一度同じことを繰り返す。ビンのフタにシールを貼り、細書きの油性ペンかボールペンでつくった日付を書き込んでおくといい。

ブルーベリージャム

つくるきっかけになったのが、煮豆が好物の友人がお年寄りから聞いたというやわらかい煮豆のつくり方だった。花豆の姿を崩さずに皮を柔らかく煮るには、「一昼夜水でふやかして、火鉢の炭火でゆっくり、煮立たないように3回ぐらいに分けて長時間煮る。砂糖はナベを火から下ろしてから加えないと、焦げついたりするんだそうだよ」という話だった。

この「煮豆づくり」を、ブルーベリージャムつくりに利用してみたら、硬い皮が見事に柔らかくなった。

ブルーベリージャムづくりは、ストーブシーズンが始まる前に終わっている。熱源はキッチンのプロパンガスレンジだが、低い温度で煮るという点では、トリベットを使うストーブの方が適している、と思う。

参考までに、わたし流の**ガスレンジでのブルーベリージャムづくり**を披露させていただく。

ストーブはトリベットを使っているので、温度はガスレンジの弱火よりも低いはずだから、ガスレンジを使うよりも楽にできるだろうと思っている。

ひとつ、ストーブシーズンまで冷蔵室に保存して、つくってみようと考えている。鍋は大きな肉厚のものを使う。要は煮こぼれをさせないためだ。ガスレンジで煮こぼれさせたことが2、3度あり大変な目にあったので、用心にこしたことはない。

①ブルーベリーは、丼2杯分ほど。洗わずに冷蔵庫の冷凍室に保管して置いたものを自然解凍、ザルに入れてよく洗い流しをする。

この間に、実についた細い茎（ヘタ）や熟していないもの、スズメバチにかじられて傷がついたり、過熟して皮が破けたり、実が崩れかけたりしているものをしっかり取り除いてやる。

②ざっと水切りをして厚手のナベに入れて、白ワインをブルーベリーの上から3分の1辺りまで注ぎ、火にかける。フタをして着火。念を押すまでもなく、火力は弱火で。

ブルーベリーから果汁が出るので、絶対にナベがいっぱいになるまでブルーベリーを入れないことだ。せいぜいナベの半分ぐらいまでしか入れないことを心がけた方がよい。これを守らないと、15～20分で煮こぼれて、大変なことになる。

③キッチンタイマーを10分前後にセットして置くか、レンジの傍を離れないこと。イスを持って行って、座って新聞か本でも読んでいればいい。時々フタを取って煮え具合を確かめることが必要。

10分ほどで、クツクツと煮え出す。ブルーベリーが踊りだす前に火を止め、フタをしたまま30～40分放置する。

④これを2度から3度繰り返す。ブルーベリーの実をスプーンですくって、皮が柔らかくなっているかどうか確認する。

柔らかくなっていたら、いよいよ味付け。

火を止めてから、白砂糖、三温糖を少なめに入れて軽くかき回してやり、いったん味見をする。フタをして放置し、砂糖がとけるのを待つ。

⑤20分ぐらい経ったら、再度軽くかき回してやり、味見をする。甘みが足りない分を三温糖とグラニュー糖で補ってやる。この時

は少し加温する。
　砂糖が溶けたら、味見。アクを取る。味加減を見ながら、粉にした岩塩をパラパラと全体に振りまいて静かにかき回す。
　すぐに火を止める。
⑥ 10分ほどしたら、味見。OKと判断したら、粘性を出すためにペクチンの出番だ。
　小さめの器に、白ワインを5ccほどとる。ティースプーンの柄の先でペクチンをすくって小容器の白ワインに入れて、よく溶かしてやる。
　スプーンをもう一つ別の手に持って、スプーンの柄を擦り合わせるようにしてやると、ペクチンがワインに溶けやすい。
⑦ペクチンを溶かした白ワインをナベに投入。さらに、クエン酸を小さじの先ですくってなべに加えて、少し加温しながら全体に行き渡るようにゆっくりかき回す。
　2分ぐらいで火を止める。これでジャムは出来上がり！　ペクチンは多くなると、ジャムが固まってしまい、トロリ感が失せてしまう。
　この自家製ブルーベリージャムを市販のアイスクリームにかけて、その香りと味を楽しむのもいい。クラッカーにちょいと載せて紅茶、コーヒーで味わうのも結構だ。
　何よりも友人、知人におすそ分けして喜ばれるのが、うれしい。

《カントリーケーキ》

　ストーブの火室をオーブンとして利用する。意外なほど評判がいいので、調子に乗ってこんなネーミングをした。
　簡単に言えば、ヤキイモの輪切りに自家栽培かつ自作のプリザーブタイプのブルーベリージャムをたっぷりかけたものだ。
　サツマイモはよく洗って、ヒゲ根をしっかり取る。ブルーベリ

味付けはキッチンで

ストーブ料理で、常にわたしは次のことを念頭においている。

ストーブ上では、汁やナベブタの裏についた水分が天板などに落ちて、ストーブを汚す。ストーブにかけたナベやケトルのフタを開けるときは、静かに開けてやり、フタ裏についた水滴をしっかりナベの中に落とすことを励行している。

同時に、「味付けは必ずキッチンでする」だ。味つけは、砂糖以外、まずどんな調味料も、大なり小なりほとんど塩分を含んでいる。300℃前後もあるストーブ天板に調味料をこぼしたら、すぐに乾いてしまい、拭うのは大変だ。とくに塩分を含んだ水気のものだったら、始末に困る。すぐに乾いてしまうので、拭うのを忘れてしまうこともある。

これまで、薪ストーブユーザーのお宅を何軒も訪ねたが、案外、天板を錆びさせている人が多いことに驚いた。サビが深くならないうちに、ストーブを購入した販売店に聞いて、錆びの落とし方を教えてもらって塗料を塗るなり、メンテナンスを依頼した方がいい。折角の“愛機”が痛ましい姿にならないよう普段から目をかけてやるべきだ。わたしは、シーズン以外には、2週間に1回ぐらいのペースで電気掃除機の吸引口を使って、ストーブのサイドや灰受け台、後ろ側の出っ張りに溜まる細かいホコリを吸い取ってやる。その後、乾いた使い古しのタオルで軽く撫でるようにストーブ全体を拭いている。

ージャム（トロリとしたものが理想）とバター少量（小さじ2杯ぐらい）が材料。

必ず火傷を防ぐために肘までの長さの皮手袋を着用する。

サツマイモはアルミホイルで包む。ストーブの火がオキ火になるのを待ってトビラを開け、火ハサミなどでトビラ側か左右にサツマイモを置くスペースを確保して、サツマイモを置く。

トビラを密閉して、直径が5、6cmのものなら30分ほど、もっと太いものなら40分ほどで蒸し焼き状態になる。ストーブの温度は、一つの目安であり、それぞれ同じ温度ではない。男料理を楽しむ以上、焼けたかどうかは最終的に自分で確認しなければならない。

トビラを開けると、甘い匂いがするが、焼け具合は、皮手袋のまま親指と人差し指の腹でアルミホイルの上から、一番太い部分をつまんで力を入れると、中心部まで柔らかくなっているのが確認できる。

ストーブの中で、軽くアルミホイルを叩いて灰を落としてから、キッチンに運ぶ。

まな板に載せアルミホイルを開いて、まず、皮ごと焼けたサツマイモの両端を2cmほど切り落とす。その後、少し厚め（3、4cm幅）に輪切りにする。サツマイモの形が崩れないように気をつける。

包丁の切れ味が悪い場合は、片方の手の先でしっかりイモを押さえて、そのすぐきわで包丁を細かく動かして輪切りにする。

ガスレンジで加熱したフライパンに小さじ一杯分ぐらいのバターを溶かし、切り落とした両端をふくめて、輪切りにしたものを載せて片面だけ軽く焼く。バターをなじませる程度にする。

切り落とした先ほどの両端は、味見用にするので無駄にはならない。

焼き面を上にして皿に盛り、ブルーベリージャムをたっぷりかける。これでカントリーケーキの出来上がりだ。ブルーベリージャムが手元にない時は、臨機応変に。

そんな時は、有り合わせのジャム少量でいいから乗せてやれば、いい。ジャムがなければ、のせなくていい。岩塩をソルトミルで粉状にしたのを軽く振りかけてもいい。食べる時は、皮ごと食べてもらうといい。皮は苦にならないし、胸やけしない。

わたしは、カントリーケーキに、ストーブで温めておいた澄んだコーヒーを添える。牛乳、紅茶、緑茶でも楽しめる自慢の手づくりの一品（逸品？）だ。

《煮　豆》

スーパーで「大正金時」という100ｇ入りの豆を２袋買った。それをよく洗って一昼夜、水につけた。豆の皮にしわが出た。粒は２倍ほどになった。

その豆を浸しておいた厚手のアルミ鍋ごと、夕方にストーブのトリベットの上に置いた。フタはもちろんしたまま。

午後11時ごろに最後に薪を継いた。翌朝６時ころに起きだし、薪を入れた。ストーブ温度計を250度から300度にして暖をとり、午後６時ころに煮え具合を見た。

鍋のフタを開けて楊枝で豆粒を刺してみたら、楊枝がすっと刺さった。豆からはしわが消えて、ふっくらしていた。一部の豆は煮崩れていたが……。

鍋をストーブから下ろしてキッチンに移した。夕食後、ゆっくりガスレンジの上で温め、味付けした。例によって白砂糖、三温糖、グラニュー糖、白ワイン少々とソルトミルで砕いた岩塩を使ってだ。

煮汁が余りにもさらっとしているので、とろみ付けにペクチンを小さじにすり切り一杯ほど加えてやった。
出来映えは上々。ビンに詰めたものを「一週間後ぐらいに味がなじむから」と、妹に届けた。「とても美味しかった。さっぱりした味で、お汁までいただきました。来年も期待してまーす」と、ほめられた。
こうなると乗る。次は、ニンジン、ゴボウ、昆布、コンニャクを加えた大豆の五目煮に挑戦だ。

《リンゴチップス／スモークチーズ》

先に述べた長野県佐久市のカラマツストーブユーザー、湯浅道夫さんのお宅を訪ねた際に、リンゴが大好物という奥さんから教えていただいた。

リンゴチップス

リンゴは、旬のものを使う。よく洗って半分に切り、皮のまま薄くスライスする。暖房中のストーブの天板に餅焼き網を置く。その上に重ならないようにリンゴのスライスを並べる。乾燥したら、1日天日の下に出しておくと、甘さが増す。
保管は、せんべいなどが入っていた金属製のカンや箱が湿気を呼ばないので、いいようだ。(念のためだが、網の下にアルミホイルを敷けば、ストーブの天板を汚すことがない、と思う)。

スモークチーズ

市販のプロセスチーズの包装をとり、サクラのチップを鉄ナベの底に適量を敷いてやる。その上に短い足のある小さな網を置き、先ほどのチーズをのせ、熱い天板の上に置く。
サクラのチップがいぶされて、煙が上がるので、ストーブのそばを離れない。時々スモークの進み具合を確認して適当な時期にナベを下ろす。(チップはホームセンターでいろいろ種類を売っているので、各種を試してみるといい。網の下にきれいに洗った小石を4個ぐらい並べて「足」代わりにするのも一つの方法かもしれない)。

湯浅さんのお宅では、ヤキイモは湿らせた新聞紙に包んで鉄ナベに入れ、ストーブの上に置いてつくるそうだ。いずれにしても、薪ストーブには、鉄ナベは欠かせない料理道具のようだ。

《火室で肉、魚を焼く》

ストーブの火が、オキ火になってから火室をオーブンとして使う。天板の温度計が120℃くらいになった状態がいい。

肉、魚を焼くため、わたしは耐火レンガ4個を準備している。レンガの縦、奥行きの短辺を組み合せたり、重ねたりしてその上に網を置き、肉やアルミホイルに包んだ魚を乗せる。

レンガで網の高さを変えられるので、焼くものに当たる火力をある程度調節することができる。

肉は、脂が少ない赤身を使う。冷蔵庫に保存していた肉は、焼く30分ほど前に冷蔵庫から出しておく。

冷蔵庫から出してすぐに焼くと、肉の中心部まで熱が届く前に表面が焼きすぎになってしまう。

ブロックの肉は1.5cmから2cm厚さぐらいに切り、味をつけないで焼く。わたしはレンガの上に餅焼き網をのせて焼く。肉をのせたら、トビラを密閉するが、オキ火が弱いようだったら、トビラを1cmほど開けてやる。

空気を補給してやると、オキ火は赤くなり、温度が上がるので、それを確認してから肉をのせる。ストーブのそばを離れずに、ガラス越しに焼け具合を見守る。

焼け具合は、金串で肉を刺して、串先についた血の状態で確認できる。

豚肉は中心部まで十分火を通さなければならない。ストーブの温度にもよるので、肉を取り出してキッチンに運び、肉の真ん中辺りにフォークを刺してみるとよい。血がにじむようなら、焼けていない証拠だ。

もし、焼けていないと思ったら、もう一度火室に戻すか、ガスレンジのフライパンで加熱する。

【塩、醤油、ソース、コショウなど調味料を使うのは、キッチンかテーブルの上でする】

を守ること。先にも書いたが塩分はストーブにさびを生じさせる。ストーブが汚れてしまう。

《火室で塩干物を焼く》

アジの干物やシャケの切り身などの干物類は塩分を含んでいるので、必ずアルミホイルに包んで焼く。ストーブは居間やリビング、客と過ごす場所にある。

客をもてなしたり、家族を喜ばせたりするストーブ料理の結果とは言え、自慢の薪ストーブが不注意から錆びや脂の痕がこびりついていては、様にならない。

「ストーブの上では絶対に調味料は使わない」

を忘れてはならない。

肉を焼くと、脂は火室内にこびりつかないかと、最初は心配したが、薪を投入して温度が上がると、燃えてしまうようだ。痕跡はまったく残らない。

トビラのガラスの内側も同様に燃えてしまったらしく脂のシミなどは消えていた。

ストーブの火室で肉や魚を焼いてみて、気づいたのは、臭いが室内に流れて来ないことだ。室内から空気と共にストーブに吸い込まれ燃焼、エントツから排出されるのだ、と分かった。

ストーブ原体験

◈—小学校入学前

ストーブというものをはじめて見たのは、小学校に入学する前だった。当時住んでいた福島県相馬郡原町（現・南相馬市）の常磐線原ノ町駅の待合室だった。

17 歳年上の大学生の長兄が、東京から帰郷するのを迎えに駅に行った。兄が乗ってくる列車が着くまで暖かい待合室で待つ間だった。ストーブは、胴の辺りが膨らんでいて、少しほっそりしていた。「あったかいなぁ」と思ったのをいまでも覚えている。

大人が黒いものを細長い小さなシャベルでストーブに入れていたのを記憶している。後にそれは石炭だと知った。記憶をたどると、6 歳くらいのころだ。終戦後、昭和 21 年から 22 年にかけての冬だった、と思う。

◈—重かった石炭バケツ

次いで、一家が転居した埼玉県浦和市（現・さいたま市）の中心部にある小学校の 4 年の時。冬になると、教室の教壇わきに据えつけられた石炭ストーブだ。

これは鮮明な記憶がある。高さが 1 メートル弱で頭の部分が直径 30cm ぐらい。直径 20cm ぐらいのフタの上に、水を張ったバケツや黄色に光るアルマイトの大きなヤカンが載せてあった。

膨らんだストーブの胴の部分は、表面に縦に波のような幅 2 、3 cm の凹凸があり、分厚い鋳物製だった。

今になって想像するに、あれは強度を増すためと熱伝導をよくするための工夫だったと思う。

何日かに１回、ストーブ当番が回ってきた。当番は朝早く登校して、石炭置き場に行って小判型の黒いバケツに石炭を入れて教室に運ぶ。

満杯になると、２人一組でも重かった。長い渡り廊下で、何度か左右に持ち手を代えるために立ち止まった。

ストーブでイタズラもした。すべて１時間目が始まる前だった。たっぷり石炭を投げ込み、ストーブの胴の下の部分が赤くなると朝の掃除で机を拭いていた生徒が、バケツの水を人差し指と中指、薬指につけて、親指で撥ねて、赤くなった部分にピッと飛ばす。

水滴はバシッ、バシッと音をたてて湯玉になって散る。それを見て、ただ「すげー！」というだけだ。

◈―悪童たちのイタズラ

中学校では、危険なイタズラがあった。セルロイドの下敷きをエンピツ削りで細かくして、それをアルミの鉛筆キャップに入れる。

歯でキャップの口を歯で噛んで、口を閉じてやる。それをストーブの上に置く。しばらくすると、セルロイドが加熱して発火、キャップは「シユッ」と飛ぶ。

悪童たちは「あぶない、あぶない！」と遠巻きに見守った。

いまから考えると、ロケット遊びになるが、当時はそんなことを考える頭脳はない。ただスリルがあっただけだ。後に、糸川英夫博士が秋田県の海岸で日本のロケットの夜明けとなった長さ２、30cm ほどの「ペンシルロケット」を飛ばすことに成功したという新聞を読んだ。

その記事を見たときには「エッ！」と、びっくりした。

いま考えると、石炭ストーブを使ったイタズラは悪童たちの危険な遊びだった。よくケガやヤケドをしなかったものだと思う。

※—札幌のブリキストーブ

大学を出て、新聞社に入社した。新米記者の初任地は札幌だった。1965年だ。すぐにサツ回り。当時、市内には中央、東、西、北と四署あったが、東署と北署はオンボロの木造2階建て。

10月末ごろから春先までの間に、夕方から夜にかけて東署や北署に行くと、よく当直のデカさん（刑事）たちが捜査課の部屋のブリキ製ストーブを囲んでいた。

このストーブ、ブリキ板のような薄い鉄板でつくられていた。色は塗られてなくて、ブリキのメッキがそのままだった。

薪はもとより、板切れや紙くずなど何でも燃やしていた。火が燃え出すと、すぐにブリキの側壁が赤くなった。1シーズンが終わるころには新品でピカピカだったストーブは赤サビだらけになっていた。

せいぜい2シーズン、よくて3シーズンぐらいしかもたないだろうと思った。石炭、コークスでも何でも燃やしていたようだ。そのころは、「ルンペンストーブ」と、称されていた。

当時、警察署では一般窓口がある場所には石炭ストーブが置いてあったが、そのほかの場所には、よくこのブリキ製ストーブがあった。

灰が溜まると、先輩から言われた若いデカ（刑事）さんが、エントツの根元からストーブをはずす。そして、ストーブごと外に運んで駐車場になっていた裏庭などに燃え尽きた炭ガラや灰を撒いていた。当時の駐車場は舗装などしていなかった。ぶちまけられたその燃えかすは、雪の一夜が明ければ積もった雪の下に見えなくなったものだ。

以前、テレビのニュースで、ブリキ製ストーブがズラリと出番を待っている様子が流されたのを見た。昔と違って、さび止めのためであろうか、黒く塗ってあった。たしか、函館につくっている工場がある、ということだった。

当時のものと比べると、そう変わったとは思えない。

1965年当時の札幌では、幹線道路以外の裏通りは未舗装だった。そんな道を歩くと、よく石炭の臭いがする煙が家庭の軒先から吐き出されていた。そして、家庭で燃やした石炭の燃え殻、「炭ガラ」が道路に撒かれていた。

春、雪がとけだすと、裏通りでは雪の下からストーブの燃えかすが、まだらになって現れた。

陽射しが強くなると、道わきに積まれた雪の山がとけ始める。チョロチョロと音を立てて流れる水音と共に炭ガラが黒く模様を描く。冬が長い北国の春の到来を知らせる当時の懐かしい風景だ。

この種のストーブは一般家庭でも、秋から春にかけて居間などに置いて使われていた。ストーブの上部のフタをはずして、ナベやヤカンをかけて、火を直接ナベ底に当てることができた。煮炊きには便利だったと思う。

ストーブ本体が軽いのとエントツとストーブ本体を簡単にはずすことができるようにつくられていた。これが手軽に使える理由だったようだ。

中には、ストーブの上に載せ湯をたぎらせたヤカンの重みと高温で、側面の鉄板がひしゃげていたストーブも使われているのをよく見たものだった。

シーズンが終わると、エントツを外してススやタールを落とす。ストーブの灰を捨てる。そしてそれぞれを古新聞などで包んで、麻ヒモでしばって、物置などに仕舞っていた。

窓や壁から外部に出されたエントツは、内部を掃除したあと、新聞紙をボール状に丸めて室内側に詰めてフタ代わりにしていた。

こんな風に、春から秋まではストーブを片づけてスペースを有効に使うことができた。何よりも軽くて安価で、手軽に使い回せることが多く使われた理由だろう。

あとがき

薪ストーブを使い始めて、様々な経験をさせてもらった。

暖房性能はもちろんのことだが、本来なら面倒くさい薪づくりが、わたしにとっては作業ではなく、男の遊びであることが分かった。薪を積み上げることだってそうだ。

ストーブの天板の熱さに、「この温度なら、ナベに野菜を入れて載せておけば、煮えるだろう」と、根菜類を深鍋に入れて始めたのが、ストーブ料理に手を染めるきっかけだった。

料理本を読んだことはない。そもそも、秤や計量カップを使い、調味料をキチンと計って料理をするなどという経験はない。味つけは、全て目分量。その代わり、こまめに舌先を使いこなしては確認する、という自分流だ。

ファイヤーワールド代表の「株式会社永和」を訪ねて、社長の富井忠則氏と知り合い、薪ストーブに関する疑問や質問をぶしつけにぶつけた。

そして、私が体験した薪ストーブの面白さ、魅力を語るうちに「薪ストーブユーザーとしての体験、目線から薪ストーブの本を書いてくださいよ。書くべきですね」と、強く勧められた。

まだ現役だったので、「定年になったら、考えます」と言って10年近くが過ぎてしまった。この間、『石岡繁雄が語る　氷壁・ナイロンザイル事件の真実』(2007年、あるむ刊）を人生の師とも言える石岡先生との共著で出版するため時間を要した。

生来の怠け癖もあって申し訳ないと思いつつ、富井氏のせっかくの期待に添えないまま、いたずらに時間を経過させてしまった。
薪ストーブを使い始めてすでに17年。この間に蓄えられた体験、思い、最近の地球環境に対するごくごくささやかではあるが、自分なりの貢献、考えをまとめることができ、薪ストーブユーザーの一人として本書を書き上げた。
将来、田舎暮らしを考えている方や地方都市に移転することを考えている人は、「薪ストーブ」を頭の片隅に置いてほしい、とわたしは考えている。この十数年の自らの体験からだ。
雑誌類で時折り薪ストーブの特集記事が見られるが、薪ストーブユーザーとしては「もう一つピンと来るものがない」という感じがしていた。インターネットで検索しても、薪ストーブに関する単行本は見つからなかった。おそらく本書は、薪ストーブユーザーによる初の単行本になる「薪ストーブ本」であると自負している。

本書の執筆に当たっては、富井忠則氏に多くの示唆、助言、資料の提供など、多大なご協力をいただいたことに改めて心より感謝いたします。
同時に、快く取材に力を貸していただいた方々、取材に応じていただいた皆さんに深くお礼申し上げる次第です。

薪ストーブユーザーが増え、それぞれに良き「薪ストーブつながり」を得られんことを祈って……。

2012年夏　　　　相田　武男

参考文献・資料

『薪割り礼讃』（深澤光著、2001年7月、創森社）
『ナラ枯れの被害をどう減らすか――里山林を守るために』（2007年3月、独立行政法人 森林総合研究所関西支所）
『薪ストーブがうちにきた　暮らしにいきる里山』（2010年10月、独立行政法人 森林総合研究所関西支所）
『サライ』（2002年11月7日号、小学館）
『薪ストーブ大全』（1996年12月、株式会社地球丸）
『ストーブ博物館』（新穂栄蔵著、1986年12月、北海道大学図書刊行会）
『薪燃焼ハース・システム　レファレンス・マニュアル』（2010年4月、一般社団法人 日本暖炉ストーブ協会）
「SCAN社テストデータ」（株式会社新宮商工）
「葛巻町公式ウエッブサイト」
『薪ストーブライフ』（第5巻第2号、2011年7月、沐日社）
『株式会社「岩手県葛巻町」の挑戦』（亀地宏著、2010年7月、亀地宏発行）
「社団法人遠赤外線協会ホームページ」
「毎日新聞」（2011年8月13日付朝刊、東京本社版）
『森林資源の有効活用と地域の活性化を図る　薪ストーブの普及・推進に関する検討報告書』（平成22年11月、郡上市薪ストーブ普及・推進協議会）
『PRESIDENT』（2011年11月14日号、プレジデント社）
『ようこそ、炎の世界へ』（2010年8月、ファイヤーワールド／株式会社永和 発行）

［英語版ホームページより］

http://www.epa.gov/burnwise/woodstoves.html

アメリカ環境保護局（EPA）のホームページ。正しい薪ストーブの選択について述べている。同局が認定している薪ストーブは、より古い未認定のものが1時間当り15～30gの煙を排出するのに対して、わずかに2～7gしか出さない。ストーブ背面のEPA認証ラベルを確認する。PDFに掲載してあるEPA認証薪ストーブの現在リストを調べることなどが説明してある。

http://www.epa.gov/burnwise/bestburn.html

同上ホームページ。薪ストーブの最良の燃焼方法を説明。

薪はストーブで燃やすまでに、最短でも夏の期間を通じて6か月間屋外で乾燥させる。適切に乾燥した薪は木口がやや黒く、ひび割れし、薪と薪をたたき合わせると、乾いた音がする。薪が最上の燃焼をするのは、湿気が20%以下。皆さんが薪を燃やす前に薪の湿気は、含水率計を買うことで計ることができます。薪は、上部に覆いをして地面から離してきちんと積んで保管する、等々に言及している。

http://www.epa.gov/compliance/monitoring/programs/caa/whregs.html

これも上記と同じくEPAのHPで、表題は薪暖房機諸規制。薪暖房機諸規制では、薪ストーブ生産者に対して薪ストーブ各モデルが非触媒方式では1時間当り7.5g、触媒方式にあっては4.1gの微粒子排出限度に対処していることを確認するため、EPAが認定した実験施設で排気テストを受けることを要求していること等々を説明している。

著者紹介

相田 武男（あいだ たけお）

1941年生れ。早稲田大学卒業後、朝日新聞記者。2001年定年退職。
著書に『石岡繁雄が語る 氷壁・ナイロンザイル事件の真実』（あるむ刊、共著）

少年時代から、雑木林に囲まれた生活にあこがれた。56歳の秋に群馬県倉渕村（現・高崎市）の山里に夢を実現。質素な山舎《こや》を建て、欧米製薪ストーブを使い始める。
薪ストーブの使用経験を重ねることで、心身への好影響、環境への貢献、薪割りの楽しさ、ストーブ料理など多くの魅力にとりつかれ、薪ストーブに関する情報も収集するようになった。

薪ストーブ賛歌　心身に優しく 里山を再生

2012年12月1日　第1刷発行

著者＝相田 武男 ©

発行＝株式会社あるむ

〒460-0012 名古屋市中区千代田3-1-12　第三記念橋ビル
Tel. 052-332-0861　Fax. 052-332-0862
http://www.arm-p.co.jp　E-mail: arm@a.email.ne.jp

印刷＝松西印刷　　製本＝中部製本

ISBN978-4-86333-058-0　C0077